Tachibana
Shinsyo
TS

JN334757

コルゲン講《こう》話《わ》

東州ケロちゃん
又の名を深見東州

たちばな出版

本書は、平成十一年四月に弊社より発刊された、
『コルゲン講話集』を再編集したものです。

はじめに

私はもう十五年以上、みなさまの幸せと発展とを願って、全国各地でセミナーを開催しております。月に数回のセミナーでは、質問コーナーを設け、会場の方々のあらゆる疑問や質問にお答えしていますが、質問を読んで感じるのは、世の中にはなんと多くの悩みがあるのだろうか、ということです。中には、「たいしたことないじゃないの」というものもあり、また、「それは大変でしょう」というもの、また「なるほど、その疑問はもっともだ」というようなこと……と、じつに様々です。

一口に悩みといっても、悩みには二種類あります。一つは解決できる悩み、もう一つは解決できない悩みです。例えば、「私はアメリカ人に生まれたかったのですが」とか「障害のある親や子供や兄弟を持った」というのは、いくら悩んでも解決できません。こういった努力で解決できない問題については、早く諦《あきら》めることです。そして、受け取り方を改めて、もっと別なことにエネルギーや興味や関心を集中させることです。しかし、解決できる問題については、前向きに、かつ具体的に改善努力するべきでしょう。

また悩みの中にはこういうものもあります。諦めるでもなく、改善するでもない悩みです。例えば、親兄弟とのトラブルや、能力、技術などの行きづまりなどの悩みは、しばらくおあずけにしておく、という解決方法があります。おあずけにしている間に熟柿が地面に落ちるように、問題が自然に解決したり、また解決する糸口が見つかったりします。つまり悩みとは、積極的に諦めるか、積極的に改善してゆくか、積極的におあずけとするかの三種類の解決方法があるのです。そして、積極的に諦めたり、おあずけにする時には、「悟りとは考え方の工夫である」とも言えるので、ちょっと考え方を変えれば、解決策が出ない時でも幸せでいられる悟りも得られましょう。その悟りの中でも、最上のものは、気を転じて別なことに没頭することで、悩みをもっている自分を完全に忘れ続けることができるという方法でしょう。悩みを持ったまま進歩向上を続けるという、大変立派な解決のあり方です。

ところで、悩みを雲にたとえるならば、雲一つない晴天のような幸せとは、結婚が決まった時とか、学校に合格した時、または何かを受賞した時などでしょう。しかし、人生の幸せな時をお天気の日と定義するならば、雲一つない晴天の日はめったになく、少し黒雲があったり、イワシ雲がたなびいていたり、山の頂きは雲が覆っていても、青空があちこちにあり、太陽が雲に隠れていなければ、一応それはお天気の日であり、それを幸せな人生として考えてもいいのではないでしょうか。

すなわち、普通の幸せな人生とは、少々悩みをもったままで明るく元気に生きることだと言えるのです。問題をかかえているからといって、心が弱って不幸だと感じるようになれば、人生が問題に負けたことになります。

また、霊的なことが原因でうまくいかないこともあります。霊的なことと聞くと、怖いと思う方があるかもしれませんが、霊といっても大きく分けて二種類あるのです。すなわち人に障《さわ》りをもたらす霊と、人に幸せをもたらす霊があるのです。そういう悩みの解決策はいろいろありますが、要は悪いものを避けていいものを呼び込むしかありません。霊界のことについては、拙著『よく分かる霊界常識』（たちばな出版刊）などで一層詳しく述べましたので、ぜひそちらも参考にしてください。

さて、セミナーで寄せられる質問に私がお答えしたことで、「お蔭様で元気になりました」という声をたくさんいただきました。それらの内容は、みなさまが日頃思っていることと共通するものではないかと思い、本書にまとめてみた次第です。

最初から通読してもいいし、目次をご覧になって、関心があるところだけお読みくださっても結構です。

心が風邪をひいたな……と思ったら、どうぞ本書を薬代わりにお使いください。また、その予防としても、大変効果があると確信しております。尚、ご使用に際しては意志とご相談の上、紙用上の注意をよく読んでお使いください。また、ご使用になって肌に合わない場合は、ご使用を即おやめくださるようお願い申し上げます。では、皆様お元気で。

東州ケロちゃん（又の名を深見東州）

コルゲン講話 —— もくじ

はじめに……………3

第1章
人間関係で悩んでいるあなたへ……………13
友達に「あなたみたいな低俗な人間とは付き合いたくない」と言われた 14
自分の我の強さ、心の狭さが嫌だ 20
人に対して、怒り、恨み、妬みなどの感情を持ってしまう 29
人の輪の中で自分から話せるようになりたい 34
人の期待にどのように応えればいいか 40

第2章
恋愛・結婚で迷っているあなたへ……………47
出会った後の関係を進展させるには 48
どうしてもあの人と別れたくない 56
結婚を決めるとき、何を一番大切にするべきか 64

入籍したら相手の嫌なところばかり目につき、我慢できなくなった　69
主人が部屋を散らかしてイライラする　74

第3章

運が悪いと嘆いているあなたへ……79

身の周りで悪いことが連続して起こる　80
最悪の状態で関東に出て行っていいか　84
お盆の前になると身体の具合が悪くなる　86
四角い顔を丸くしたい　90
どうしたら悩みを解消できるのか　93
試練を乗り越えずに回避したらどうなるのか　96

第4章

世の中がなんか変だと思っているあなたへ……107

ラビン首相が暗殺されたとき神様は守っていなかったのか　108

なぜ何の罪もないアザラシが苦しまなければならないのか 115
祈りによって災害は回避できるか 119

第5章
死後の世界が気になるあなたへ …… 123
源義経はどんな霊界へ行ったか 124
来世また生まれ変わるには、今世どのような生活を送ればよいか 127

第6章
神様のことを知りたいあなたへ …… 133
魚釣りなど趣味のために殺生をしてもよいか 134
神棚の榊は毎月一日に必ず取り替えたほうがいいか 143
神社のお札がいくつも部屋にあるが 146
神様に願いが通じる祈り方のコツ 155

ご奉仕とは何か　168
用語解説……………3

人間関係で悩んでいるあなたへ

第1章

QUESTION 1

友達に「あなたみたいな低俗な人間とは付き合いたくない」と言われた

つい最近、レベルの高いお友達に「あんたみたいに低俗《ていぞく》な人とは付き合いたくない。だけど、何かあんたが気になるのよねえ」と言われてムカッとしました。事実、今の私は最低なので、何と言われても仕方ありません。でも、その友人に言いました。「今は最低でも、五年、十年のスパンで私を見てほしい。最悪でも死ぬまで勝負《しょうぶ》はわからないはず」と。人間的に、レベルアップしてゆく術がありましたら教えてください。

（K子／女）

A ムカッと来る人が自分のことを好きになれば勝ち！

「死ぬまで勝負はわからないはず」なんて大見得《おおみえ》きることはありません。

そんなことを言うから最低なんです。ムカッとする必要もありません。

「最低の私でも、気にかけてくれてありがとう」

深見

こう言ったらいいんです。

付き合いたくないけど気になるというのは、やはりご縁《えん》があるからでしょう。

その友達とあなたは前世で親子だったのかもしれません。「馬鹿な子ほど可愛《かわい》い」と言います。レベルの高いお友達が、せっかくそう言ってくれるのですから、どんどん甘えたらいいんです。

「あなたがそう言ってくれただけで、今日一日幸せです。私は最低でもいいの。あなたにはどんどん素晴らしくなってほしい。だからあなたに徳《とく》①を積ませてあげるわ。私にご馳走《ちそう》してよ」

と言ってみたらどうでしょう。

「コーヒー一杯とショートケーキが一個あれば、私は最高にハッピーなんだけど、気になるんだったらそうして」

「うーん、仕方ないわ。じゃあ連れてってあげる」

ということになれば、お茶代が助かります。

「実は、今日は朝から何も食べてないの。あなたみたいな素晴らしい人が、私みたいな最低の人間のことが気になるんだったら、夕食ご馳走してよ」

「仕方ないわね」

ということになれば、晩御飯代《ばんごはんだい》も助かっちゃいます。

コーヒーをご馳走してもらって、夕食もご馳走してもらって、その人が幸せになるのですから、こんなにいいことはありません。高いレベルの人を幸せにしてあげれば、あなたのほうが、もっと高いレベルになるわけです。五年、十年なんていうスパンで見なくても、数分間で最高になれます。

世の中にムカッとする人間はいっぱいいます。いつも自分に気持ちいいことを言ってくれる人が、一体何人いるでしょうか。でも、ムカッと来る人が、自分のことを好きになってくれて、引き立ててくれて、ご飯をご馳走してくれたり、友達を紹介してくれたり、映画や音楽会に連れて行ってくれたりすればいいじゃありませんか。

あなたがレベルが高いと思う友達は、客観的に見ても、知性があったり、教養があったり、学歴があったり、財力があったり、ファッションセンスが良かったり、何かあなたよりも優れたところがあるはずです。その人が自分を好きになってくれて、引き立ててくれたら、自分がその人に勝ったということです。

気持ち良く付き合える友達とは、気持ち良く付き合えばいいんです。ムカッと来る人からも引き立ててもらえば、あなたの味方はどんどん増えていきます。これは素晴《すば》らしいことです。

自分を克服《こくふく》すれば神様はそれだけ守護してくれる

世の中には腹が立つ人はいっぱいいます。しかし、ムカッとすることがあっても、「待て待て待て」と自分に言い聞かせるようにしてください。ああいう人でも、自分のことを理解して好きになってくれて、味方《みかた》になって協力してくれたら自分の宝物《たからもの》になるんだと考えて、憤《いきどお》りと怒りを克服することです。

会社でも、ムカッと来る上司《じょうし》は必ずいます。

しかし、「くそーっ」と思って向かって行っても、組織の中では上司のほうが権限《けんげん》がありますから、自分がやられるだけです。

ムカッと来たら、そのときが勝負です。

「あの上司に勝つぞ。あの上司が自分のことを好きになってくれて、自分のことを引き立ててくれて、可愛いがってもらうようになるぞ」

と心を切り換えるのです。

ムカッと来る部下ももちろんいますが、そのまま感情をぶつけたら、いつか必ず足を引っ張られます。

相手が上でも下でも同僚《どうりょう》でも、ムカッとした気持ちをそのまま相手にぶつければ、気分はスカッとするかもしれませんが、しばらくしたら、必ず自分に火の粉が返ってきます。本人は必死なのかもしれませんが、周囲の人は、

「あんな馬鹿《ばか》言わなきゃいいのにな。もっと大人になればいいのに」

と思って見ています。

政治家《せいじか》でも、宗教家《しゅうきょうか》でも、芸術家《げいじゅつか》でも、世の中で成功している人や人望があ

ってみんなから支持されている人というのは、多かれ少なかれ、そうした人間関係の問題を克服《こくふく》している人です。結局、その人に見合った分だけのものしか、世の中で成し得ないのです。

神様はいつも見守っていてくれますが、人間として立派にならなければ、限定されたご守護《しゅご》しかいただけません。未成熟《みせいじゅく》な人は、未成熟なりの小さな守護しかしていただけないのです。大人に脱皮《だっぴ》して、はじめてスケールの大きい守護と導《みちび》きが得られ、社会で大きな活動ができるわけです。世の中で沢山の人の支持を得るのも、神様から守護をいただくのも同じことなのです。

《用語解説》

①**徳《とく》**……「人に益《えき》する行いをすること」で、具体的には困っている人を助けるとか、汚れているところがあれば掃除《そうじ》するとか、人を幸せにする行いを常に心がけ、かつ実践すること。徳を積めば守護霊《しゅごれい》や神々の応援《おうえん》があり、人も自分も幸せになる。

なお、徳には「陰徳《いんとく》」と「陽徳《ようとく》」の二種類があり、陰徳は人に目立たないところで積む徳のことで、陽徳は目に見える形の徳。陰徳のほうが功徳《くどく》はより高い。
前世や今世で人を幸せにした総量《そうりよう》のことを徳分《とくぶん》という。

QUESTION 2

自分の我《が》の強さ、心の狭《せま》さが嫌《いや》だ

自分の我の強さ、心の狭さがいやになる事が度々あります。人の事はよく分かるのに、ハッと気が付くと、自分が一番悪かったりして……。何とかして、もっと大きな心を持った、ゆったりした人間になりたいんですが、どうしたらよいのでしょう。少しあせっております。どうかよい方法を教えてください。

（A・S／五十五歳）

A 我《が》が強いのは必ずしも悪いことではない

深見

大変素晴《すば》らしい方です。自分の我《が》の強さとか、心の狭さが嫌になるということは、己を省《かえり》みることができるわけですから、我が強いと言っても、たいした事ありません。本当に我が強い人は、

「世のため人のために役に立っているのに、何でもっと大事にされないのか」とか、

「こんなに頑張《がんば》ったのに、なんで神様はもっとお金をくれないのか」とか、

「私はこんなに尽《つ》くしているのに、夫はちっとも大事にしてくれない。夫の悪因《あくいん》縁《ねん》①に悩んでいる」

なんて平気で言います。これは相当我の強い人です。

「嫁も夫も子供も、年寄《としよ》りの私にひどい言い方をするんです。許《ゆる》せない、許せない、許せない」

なんていうのは、相当心の狭い人です。

自分自身の欠点がこれだけよく見えている人というのは、かなり心が広いし、

人間が出来ているし、教養もあります。こういう質問が出来ない人がほとんどじゃないでしょうか。

我が強いというと悪いことのようですが、我がなければいいかといえば、そうとも言いきれません。我がない人というのは、人の意見に左右されて、絶えずフラフラしています。しかし、そうかと言って、いつも「自分が、自分が」というように、我がありすぎてもいけません。

「私の財産は誰にも渡さないぞ」

というのは我といっても我執《がしゅう》②です。欲深《よくぶか》い人というのは、我執が強いわけです。

また、

「私はこう思うんだ。この意見は絶対に変えない」

というように、自分の見識をなかなか譲らないのを我見《がけん》③といいます。我執や我見は改めなければいけません。

知性と教養があれば、広い視野から物事を見るようになりますから、自然と我見は抑えられます。また内的なところに本質的な物を見るようになれば、即物的《そくぶってき》なものに執着《しゅうちゃく》しなくなります。ある程度、学問と教養を身につけ、さらに、信《しん》仰心《こうしん》があれば、内的な充実《じゅうじつ》ということに価値を見いだすようになりますから、我執や我見は収《おさ》まってきます。

「うちのお父さんは頑固者《がんこもの》でね」

と言うのは、

「うちのお父さんは、知性と教養と学問がありません」

と言っているのと同じことです。

「わしゃ、頑固者だから」

と言うことは、イコール、

「私は知性と教養と学問がありません」

という事ですから、頑固者だからなんて、開き直るのはみっともないだけです。そんなものは何の自慢《じまん》にもなりません。頑固な汚れはザブで洗い流したほうがいいのです。

では、私たちに必要な我とはどういうものなのでしょう。それは、腹が決まったときに自然に出てくる我なのです。例えば、

「従業員のために絶対に会社を成功させるんだ」

と腹を決めたときの信念や覚悟。これは、分かりやすく言えば、いい我です。理想の我です。この我が出ているときというのは、主体的《しゅたいてき》に魂《たましい》が発動《はつどう》している状態です。

「たとえ失敗しても、オリンピックを目指していくんだ」

「私は、神仏《しんぶつ》のために生きていくんだ」

というように腹が出来れば、正しい理想の我が出てきます。

いつも柔軟《じゅうなん》で謙虚《けんきょ》なのがいいわけではありません。何の覚悟も信念も持たずにフラフラしている人より、少しぐらい我が強くても、腹《はら》が出来ている人間のほうがずっと尊《とうと》いのです。

心が狭くても明るく生きればよい

確かに、我執や我見のようなネガティブな我を張らず、心を広く豊かに持てば、自分も周《まわ》りの人も豊かに幸せにします。二十代、三十代の人が、大きく世の中の役に立つ人間に脱皮していくためには、これは大切なことです。

しかし、ある程度の年齢になったら、あまりそういうことばかり考えなくてもいいのではないでしょうか。特に五十を過ぎたら、もう自分というものが固まっていますから、我の強さや心の狭さが改まるとは私は思いません。そういう無駄《むだ》な努力は時間のロスですからやめることです。それより、明るく元気にやる気に満ちて毎日を生きていくことのほうが大切です。

我が強いまま、心が狭いまま、エネルギッシュに、「それ行けー」と生きろ、というのが日本の神様の考え方です。生成化育《せいせいかいく》、進歩発展《しんぽはってん》していく御魂《みたま》④の力こそが、神道《しんとう》では尊ばれます。熱田《あつた》の神様も伊勢《いせ》の神様も、これを一番喜ばれるのです。暗く落ち込んでいるより、明るく元気な方が周囲も助かります。

「私は我が強いもんでございますから」とか、

「もっと広い心を持たなければと思ってるんですが、心が狭くて申し訳ございません」

といつも言っているのは、積極的な生き方とは言えません。ぶつぶつぶつぶつ絶えず反省しているおばあちゃんというのは、謙虚かもしれませんが暗いです。これは神様はあまりお喜びになりません。

仏教系《ぶっきょうけい》の教団で、因縁《いんねん》がどうのという中途半端な宗教をかじるとこうなってしまいます。仏教というのは、心の内面《ないめん》を見つめていくことを説きますが、内面を永遠に見つめていかなければならないわけですから、自分が嫌になってしまう場合があるのです。「省みる」という字は、少な目と書きます。ですから、あまり、自分を省みすぎないことです。年をとってきたら、更年期障害《こうねんきしょうがい》も出るし、世の中には嫌な事がいっぱいあってストレスが溜《た》まりますから、それ以上に自分を見つめることはありません。長寿《ちょうじゅ》をまっとうしたかったら、憎《にく》まれっ子になることです。ストレスが溜《た》まらないから確実に長生きします。わがままで、心は狭くても、明るく楽しく生きているおばあちゃんというのは、健康で元気です。

庭をいつもきれいにお掃除して、お嫁さんに対してもガンガン対抗意識《たいこういしき》を燃やして、「来るなら、来てみろ！」という腹が出来ているおばあちゃんというのは、存在感がありますから、みんなに一目置かれます。我が強くて心が狭いことは分かっていますから、その部分については周りの方で距離を置いて見てくれます。だから、やりたい放題《ほうだい》で、絶対幸せなんです。

元気に精一杯生きられる限り生きて、床に臥《ふ》すこともなく、お亡くなりになるときは、アッサリとあの世に行かれます。そして、お亡くなりになったら、必ずいい霊界《れいかい》⑤に行きます。燦々《さんさん》と輝《かがや》く霊界で明るく元気に喜んでいます。

これに対して、心が広く、やさしく謙虚《けんきょ》で、いつも反省している人というのはストレスが溜まりますから、早死《はやじ》にをします。あるいは、病気がちになって、長患《ながわずら》いをします。そして、死んでもあまりいい霊界には行きません。まっ暗ではありませんが、薄暗《うすぐら》いところに行きます。お月さんの明かりのような静かな所にいらっしゃいます。

私もこれには矛盾《むじゅん》を感じました。この世的に見て、いい人がなぜ暗い霊界に行って、散々《さんざん》好き放題に生きたおばあちゃんがなぜ明るい霊界へ行くのでしょう。やはり、明るく元気に御魂《みたま》を発動させている生き方のほうが、天然自然の道に合っているのです。

《用語解説》

①悪因縁《あくいんねん》……因縁とは因《いん》と縁《えん》のこと。直接的原因を「因」、間接的条件を「縁」という。すべてのものは因と縁によって生じたり滅《めっ》したりする。よって悪因縁とは、現在の悪い状況をつくっている直接的・間接的な原因のこと。

②我執《がしゅう》……自分だけの小さな考えにとらわれて離れられないこと。

③我見《がけん》……自分だけのかたよった狭《せま》い見地や意見をいう。

④御魂《みたま》……人間の中の神なる部分。本来、人は誰でも神の分魂を身の内に宿《やど》しているのである。

⑤霊界《れいかい》……霊界の構造は、大きく分けて、下から地獄界《じごくかい》、中有霊界《ちゅうゆうれいかい》（幽界《ゆうかい》）、天国界の三層になっている。

地獄界には、灼熱《しゃくねつ》地獄、釜《かま》ゆで地獄、血《ち》の池《いけ》地獄などがあり、さらに地獄界は、第一地獄、第二地獄、第三地獄の三段階がある。

中有霊界は、現実生活で言えば中流階級《ちゅうりゅうかいきゅう》の人たちが住むところで、生前《せいぜん》、とりたてて悪いことはしなかったが、良いこともしなかったという人が行く霊界。

生前の行いによって上中下の三段階がある。
天国界も、第一天国、第二天国、第三天国の三つに大きく分かれ、第三天国は、世のため人のために尽くした人、第二天国は、信仰の道を至純《しじゅん》にまっとうした人、第一天国は、人間界最高の霊界で、信仰心篤《しんこうしんあつ》く、しかも地位や名誉や財産を人々のために活用した人が行く。そして、これらの天国界のさらに上には、より高い世界や神々様のいる神界がある。

QUESTION
3

人に対して、怒《いか》り、恨《うら》み、妬《ねた》みなどの感情を持ってしまう

人に対して怒り、恨み、妬みの感情を持たないようにと日頃から思っているのですが、体調が悪い時や、気分が悪い時など、いけないと思いつつ、怒りや妬み

の心が出てしまいます。このような時には、どのようにしたらよいのでしょうか。

（M・Y）

A 怒り、恨み、妬みを持つのはあたり前

深見

腹が立ったら怒ればいいし、嫌なことをされたら恨めばいいし、うらやましかったら妬めばいいんです。どうぞ怒ってください。どうぞ恨んでください。どうぞ妬んでください。「コンチクショー」「アノヤロー」と怒ったり、恨んだり、妬んだりするのが人間です。それを抑制《よくせい》しすぎると、ストレスが溜《た》まって病気になりますよ。

ただ、いつまでも後に残さないということが大事なのです。これを神道《しんとう》では、「鏡《かがみ》の心」と言っています。怒った人が前を通れば、鏡には怒った人の顔が写ります。しかし、その人が通り過ぎてしまえば、鏡は元の何もない状態に戻ります。恨みがましい顔をした人が来れば、恨みがましい顔が鏡に写ります。でも、七時

間も八時間も、鏡の前で睨《にら》みつけている人もいないでしょう。その人が通り過ぎてしまえば、鏡はまた元の状態に戻ります。このように心に何も残さないことです。

腹が立ったら、怒ればいい。バーンと殴《なぐ》られて、瘤《こぶ》ができて青アザができても、頬《ほお》をヒクヒクさせながら、「怒ってはいけない」と自分に言い聞かせる必要はありません。殴られたら、殴りかえしたらいいんです。一発殴られたら、三発ぐらいは殴り返してもいいでしょう。ただ、いつまでも殴り合っていないで、二〜三発でやめて、仲直りをすることが大事なのです。

うらやましいと思うときは、妬んでもいいわけです。ただ、いつまでもうらやましがっていても仕方ありません。自分で努力するしかないと思ったら、パッと心を切り換えることです。

「怒るな、恨むな、妬むな」と言っても、怒るし、恨むし、妬んでしまうのが人間です。それを、

「ああ、また怒ってしまった」

「また恨んでしまった」

「また妬んでしまった」

なんて考えるのは時間のロスです。それより早く心を切り換えたほうが、ずっと楽なのではないでしょうか。

自分の心の中に神様がいる

「鏡の心」ということについて、もう少し説明しましょう。

神道には「自霊拝《じれいはい》」という、鏡の前で拝む行法があります。鏡の中には、自分自身の姿が写っています。実は、神様というのは、私たち一人ひとりの心の中にいらっしゃるのです。自霊拝では、鏡に向かって自分自身の心の中にいる神様を拝むのです。

いつまでも怒っていると、心の鏡には、怒った顔の残像《ざんぞう》がいつまでも残ります。その上に恨んだ顔や妬んだ顔の残像が幾重《いくえ》にも重なっていくと、鏡はどんどん曇って、神様を写し出すことができなくなってしまいます。心をパッと切り換えれば、鏡もまたパッときれいに澄み渡って、神様が浮かび上がってきます。

「あの人は絶対に許せない」

と、いつまでも怒っていたり、ああすればよかった、こうすればよかったと悔やんだり、ずーっと誰かを恨み続けている人というのは、要するに暇なのです。いつも前向きにエネルギッシュに生きている人は、過ぎ去ったことをいつまでもグチャグチャと考えている暇はありません。

怒りや恨みなどの感情をどうすればいいか、なんて考えているときというのも暗いです。その分だけ何か別のことをしたほうがよほど発展的です。怒ったり、恨んだり、妬んだりしたことを反省する暇《ひま》があったら、目の前のことをどんどんやっていくことです。そのほうが、よほど神様の心に叶った生き方です。

確かに、気分がすぐれなかったり、体調が悪いときというのは、前向きのことが考えにくく、怒りや恨みや妬みなどの感情を引きずりやすいかもしれません。しかし、体調がよくなればまた前向きになるわけですから、あまり気にしないことです。もっと言えば、体調が悪いからといって、別に心まで暗くなることはないのです。そんなときは、本を読んだり、歌をうたったりして、自分を盛り上げることです。

さざ波のように出てくるそのときの感情なんてあまり気にしないで、もっと明るく元気に、目の前のことに精一杯頑張ったらいいんです。そうすれば、ちょっとした怒りや恨みや妬みなんて吹き飛んでしまいます。そうすれば、御魂が発動して幸せな人生が送れるのです。

QUESTION 4 人の輪の中で自分から話せるようになりたい

恥《は》ずかしながら、この歳になっても人の輪の中に入ると、ほとんどと言っていいくらい話ができなくなります。こんなことを言うと、場がシラケるんじゃないかと、心の隅で思ってしまうんです。話をふってもらうと平気で話せるのですが、そうではなく、自分から自然に話せるようになるには、どうすればよいでしょう

か。どうぞ教えてください。（T・O／二十七歳）

A 訓練をすれば欠点が長所に変わる

深見

これには簡単な方法があります。「話し方教室」へ行けばいいのです。

人前で話すスピーチには原則があります。起承転結《きしょうてんけつ》の立て方、最初はどういうところから切り出せばいいか、具体例の盛《も》り込《こ》み方。「話し方教室」へ行けば、そういったことを体系《たいけい》づけて教えてくれます。勉強してそのテクニックを体得すれば、誰でもごく自然に説得力のある話ができるようになります。

どんなことにも必ず理論というものがあります。理論というのは、小難《こむずか》しく理《り》屈《くつ》っぽいものではなく、要点を分かりやすく整理したものです。人に対して説得力のある話というのは、調べてみるとちゃんと理論に合っているのです。その理論の枠組みさえ分かれば、どんな場面でも、的確に話題を選んで、皆に興味のあるようなことを分かりやすく話すことができるようになります。

「話し方教室」へ行って、急に明るくなって、話し好きになった人はたくさんいます。話し方を勉強したら、どこかで話してみたくなります。そうなったら、結婚式でもパーティーでも行って、どんどんスピーチを買って出ればいいのです。はじめはうまく話せないかもしれません。でも、失敗してもいいんです。場数《ばかず》を踏んで場馴《ばな》れをすれば、どんな場所でも必ず話ができるようになります。

自分で克服しようと思って発願《ほつがん》して努力すれば、今まで欠点だったところを長所に変えることができるのです。

故・田中角栄氏といえば、演説の天才と言われた人です。あの人ほど人の心を打つ文学的な演説をした人はいません。ところが、その角栄氏は小さい頃は吃音《きつおん》だったのです。角栄氏はそれを直すために、浪曲《ろうきょく》を習いはじめました。そうして、自分で努力をして欠点を克服し、さらにいろいろな人の話し方を勉強して、誰よりも演説がうまくなったのです。

私は中学時代は応援団で毎日声を出していました。高校時代は生徒会でいつもみんなの前で話していましたから、人前で話すことは苦手ではありませんでした。

しかし、本当にスピーチがうまくなったのは、大学に入ってからです。

大学時代、私はＥＳＳ（英会話クラブ）に所属していました。ＥＳＳには当時部員が四百人ぐらいいて、各セクションの代表や執行委員など十八人が、交代でいろいろな場面で挨拶《あいさつ》をしていました。ところが、三年生のときに私が委員長になると、すべてのセクションの挨拶を、私一人でやることが多数決で決められてしまったのです。私は一人で反対したのですが、残りは全員賛成です。

「皆なんてひどいことをするんだ」

と腹が立ちましたが、決まってしまったことは仕方ありません。私はそれを神様が私に与えてくれた試練だと受けとめることにしました。そして、もう絶対に他の人にはしゃべらせないという覚悟で、どんな大会でもオープニングからグリーティング、クロージングまで一人でやるようになったのです。当然、実力はメキメキあがりました。やはり場馴れと場数です。現在、私が各地で行っている講演会は、それが日本語になっただけの話です。ですから、何十時間ぶっ通しで話しても、全く苦ではないのです。

会話はすべてのコミュニケーションの基本

上手に話せるようになれば、話すことが好きになります。話すことが好きだということは、人とのコミュニケーションが楽しいということです。これは、結婚して、明るく楽しい家庭をつくるときに一番大切なことです。料理はつくるけれど、「はい」とか「ごめんなさい」とか、結論しか言わないというような奥さんはいませんか。もちろん、これは旦那《だんな》さんにも言えることです。

私の師匠の植松愛子《うえまつあいこ》先生は、弟子の私たちに、

「どんなに貧しくても、粗末な食べ物でも、食事中は会話を楽しくするんですよ」

と常々言っておられます。

会話があり過ぎて不幸になったという家庭は、ほとんどありません。どんなに貧《まず》しい家でも、忙しくてご主人《しゅじん》がなかなか帰れない家庭でも、上手にコミュニケーションがとれていれば、家庭は円満《えんまん》です。

どんなに忙しくても、電話ぐらいは毎日かけられるはずです。

「テレビでどんなニュースやってた？」

「こんなのがあった」

「そう。子供の様子は？」

「特に変わったことないけど」

「パーマはいつ行った？」

「行ってないけど」

「アイスクリームはいつ食べた？」

「食べてないけど」

「そのほうがいいよ、太るから。じゃあ」

というように内容なんて何でもいいんです。

とにかく、忙しい方は毎日五分間、電話で夫婦の会話をするようにすることです。それから、結婚記念日と奥さんの誕生日、ご主人の誕生日は大事にして、必ず外で食事をすること。簡単なことのようですが、それだけで夫婦の仲も親子の仲もうまくいくのです。

QUESTION

5

人の期待にどのように応えればいいか

身内から期待されることはよくあると思いますが、私の場合、年上の人や学校の先生からも期待されています。初対面の人に「将来が楽しみだ」とか、「社長になった君と会えるのを楽しみにしている」と言われたこともあります。高校のときは、ブラスバンド部に所属していたのですが、一年生のときに、「おまえをコンサートマスターにするつもりだ」と言われました。しかし、しばらくして退部してしまい、見事に期待を裏切ってしまいました。どのようにすれば、期待に応えることができるのでしょうか。また、期待を裏切ってしまったときにはどうすればいいのでしょうか。ぜひ、教えてください。

（Z・M／二十二歳／男）

A 魂《たましい》の期待に応えることが一番大事

深見

結論から言えば、あなたはそんなに期待されてはいません。「将来が楽しみだ」と言った人がいるとしても、果たしてその人はずーっとそう思い続けているでしょうか。あなたは、そう言われたことをいつまでも覚えているかもしれませんが、言ったほうはとっくに忘れています。それほど世の中の人は、あなたを注目していません。

しかし、世間の人は見ていないようでも実はよく見ています。自分が思うようには注目も期待もされていないけれど、自分が思う以上に細かいところをよく見ているのが、世間というものです。

もし、仮《かり》に本当にいろいろな人が心からあなたに期待をしているとしたら、どうすればいいのでしょう。例えば、ある人はあなたに、野球をやってプロになることを期待しているとします。別の人は、野球よりサッカーをやることを期待しています。でも、お父さんは、スポーツよりも勉強していい学校へ行くことを期待しています。十人が違うことを期待したら、どうしたらいいのでしょう。その全部に応えることなど絶対に不可能です。ですから、人の期待に応えようなどと考えないことです。

もし、何かの期待に応えようと思うなら、自分の魂《たましい》が期待していることに応えることです。人間は誰でも、今生《こんじょう》何かをしようと目的を決めて生まれて来ています。それが天命《てんめい》というものです。天命に従って生きれば、魂の奥底から喜びが湧き上がってきます。それが、その人にとって一番幸せな生き方なのです。

いろいろな人に期待をされて、期待を裏切ることが多いと思っても、本当はそれほど期待もされていないし、期待を裏切られたと思う人はほとんどいません。しかし、自分自身の魂の期待を裏切ると、ガックリとした虚無感《きょむかん》に襲《おそ》われます。

神様は、あなたが天命に従って幸せに生きることを期待しているのですから、その期待に応えるのが一番いいわけです。

幸せにはランクがある

自分の天命に従って精進《しょうじん》努力《どりょく》すれば、人は心の底から幸せを感じます。自分が進歩《しんぽ》向上《こうじょう》したという喜び、そして人の役に立てたという喜び。それは心の奥にある魂が本当に満足したという喜びです。

天命《てんめい》というものに対する自覚《じかく》が深くなってくると、喜びや幸せということの次元が高くなってきます。例えば、芸術家は究極的には、地位や名誉を投げ捨ててでも、自分の納得のいく作品をつくることに命を賭《か》けます。ベートーベンもシューベルトもモーツァルトも、末路《まつろ》はみんな惨めです。まともに死んだ人なんか一人もいません。そうして自分の命を削りながら、立派な作品を残しているのです。それが本人にとって、他の何ものにも代えられない喜びだからです。

人には、いろいろな喜び、いろいろな幸せがあります。しかし、少なくとも自分が満足することをして、それが人々の役に立ち、社会からも評価を受けることができたら、それは次元の高い喜びです。そうして進歩向上していけば、人の期待なんか考えなくても、おのずから期待に応えることになっていきます。自分が素晴らしくなれば、多くの人を幸せにすることができるのです。

ただ、五十歳、六十歳になって、三千人も五千人も従業員がいるような会社を経営しているような場合は、社長が判断を間違えると会社が倒産して、すべての従業員が路頭《ろとう》に迷うことになります。そういう場合は、従業員の期待を裏切ることはできません。特に社長にどうなってほしいというわけではありませんが、最低限、会社の業績をあげていくことが期待されることになるわけです。しかしそれでも、会社を経営していくことに、本人が充実した喜びを感じていなければ、安定した成長は続かないでしょう。

友達は変化していくもの

私は小学校から中学にあがるとき、少し離れた学校へ行くことになりました。そのときに、仲の良かった友達と離れ離れになることがとても悲しかったことを覚えています。しかし、中学に入ったら、また新しい遊び友達ができました。

高校時代になると、それぞれ自分というものが定まってきますから、同じ趣味を持っている友達や同じ方向を目指して勉強する仲間ができてきます。そしてまた、卒業で離れ離れになり、大学に入ると、同じサークルをやっていたり、考え方が合うということで、新しい友達ができます。

社会に出ると、会社の内外で新たな人間関係がまたできます。この場合は、原則的には、利害《りがい》をともにする人が友達ということになります。しかし、利害を抜きにして志を同じくする友達とか、本当に困ったときに助けてくれる心の友というのも、だんだんにできてきます。

小さい頃は、地理的に近いから一緒に遊ぶというのが友達でしたが、年齢を重ねるにつれて、友達というのも変わってきます。そうした中で、自分のことを本当に大切に考えてくれて、自分もその人のために何かしてあげたいと思う本当の友達というのができてくるのです。命をかけてもいいという真の友情が生まれるのです。

子どもの頃の友情とか、若い頃の友情とか、職場の利害関係とともにある友情というのは、ある程度無視をしてもいいのです。それよりも自分を確立することのほうが大切です。自分が立派になれば、立派になったなりの人間関係が、また新しくできます。

「類《るい》は友を呼ぶ」と言いますが、本当に変な人には変な友達がいます。素晴らしい人の友達は、やはり素晴らしい人が多いのです。運のいい人というのは、運がいい友達が多いものなのです。

今現在の自分の友達付き合いに縛《しば》られて、一喜一憂《いっきいちゆう》することはありません。それがせいぜい遊び友達なのか、まさに友とすべき価値のある人間なのか、だんだんと選んでいかなければならなくなります。真の友情というのは、成熟《せいじゅく》した人間としての値打ちというものを認め合う関係でなければ、長続きしないものなのです。

友達のための人生ではないし、学校の先生のためでも、お父さんやお母さんのための人生でもありません。自分自身のための人生なのです。誰かの期待に応えるということを考える前に、自分自身を充実させることが一番大切なのです。

恋愛・結婚で
迷っている
あなたへ

第2章

QUESTION 6

出会った後の関係を進展させるには

とても素敵《すてき》な男性から告白されました。私のほうも即座にＯＫしてお付き合いをはじめたのですが、それ以降ほとんど進展がありません。自分なりに努力し、道祖神《どうそじん》①様にもお願いしているのですが、せっかく神様からいただいた大切な縁を、壊してしまうのではと心配になることがあります。恋愛に対し、臆病《おくびょう》にならずに進んでいく度胸《どきょう》をつけるには、どうしたらいいでしょうか。（Ｓ・Ｆ／女）

A 自分の気持ちを積極的に表現すること

深見

ベートーベンが作曲したあるソナタは、ベートーベンが恋人に失恋したときに作った曲だといいます。ところが、ドイツに行って真相を知って、ベートーベンというのは、本当にバカなんじゃないかと思いました。まあ、どこか人と違ったバカみたいなところがないと、あれだけ凄《すご》い作品はできないのでしょうけれど。

実はベートーベンは、一度も手紙を書いたこともないし、もちろん告白したこともないし、友人から言ってもらったこともないのです。それで、恋愛が成就《じょうじゅ》するはずがありません。相手が超能力者で、

「夜な夜なあなたの生霊《いきりょう》がくるんだけれども、何なのよ」

とでも言って来ない限り無理でしょう。

恋愛に対する度胸《どきょう》をつけるには、場数を踏《ふ》むこと、そして、場馴れをすること。これしかありません。

最近の男性というのは、告白するために二カ月も三カ月も悩んで、やっと告白

したかと思うと、それで安心してしまって、次へのエネルギーが湧《わ》いてこないということが多いようです。ですから、進展がないなら、あなたのほうから、「私、結婚するんだったらあなたみたいな人がいいわ」

と自分なりに考えて言うことです。

それで駄目《だめ》だったら駄目だったで、場数が増えたということです。次回は、場数と場馴れで技術が上がっています。

伊藤左千夫《いとうさちお》の『野菊《のぎく》の墓《はか》』という小説を読んだことがあるでしょうか。主人公は、タミコさんとマサオさんです。ある時二人は山に散歩に行きました。昔の農村ですから、他に行くところもなかったのでしょう。いわば初めてのデートです。

そこで、マサオは野菊の花を見つけて、

「タミコさんって野菊に似てるねぇ」

と言います。

ご存じの人も多いでしょうが、これは伊藤左千夫の体験なんです。限りなく実話に近い小説です。

「タミコさんて野菊のような人だね」

と言った後はしばらく沈黙《ちんもく》が続きます。その後、二人はただ黙って山道を歩いていきます。そして、山道を降りきったところで、マサオはタミコさんにこう言うのです。

「僕って野菊のような人が好きなんだ」

これは立派な告白です。

せっかく恋愛をしているのですから、練りに練って、これくらい文学的に表現したいものです。ただし、相手が鈍感な場合もありますから、「結婚」という二文字をキチンと折り込んだほうが無難《ぶなん》でしょう。

私は影響を受けやすい人間ですから、「○○さんは野菊のような…」と言うセリフをどこかで一度言ってみたいとずーっと思いながら、一度も言わないまま、四十六歳になってしまいました（笑）。場数と場馴れが足りないようです。

相手が男性の場合、野菊というのは少し変ですから、例えば、

「あなたって、要石《かなめいし》②のような方ね」

と言ってみるのはどうでしょう。

「要石って何ですか、そりゃ」

「鹿島明神《かしまみょうじん》③にはね、臍《へそ》があるの」

「？？？」

「それが要石なのよ。あなたって要石に似ているわ」

そう言って、またどこかをしばらく歩くわけです。

「えっ、僕のどこが要石に似ているの？」

と聞かれても、黙って笑いながら、歩いていけばいいんです。晴海埠頭《はるみふとう》でもどこでもいいじゃありませんか。

そして、しばし歩いた後でポツリと、

「私、要石のような人と結婚したいのよ」

と言うというのはどうでしょうか。

それでも進展がないような場合は、またしばらく間をおいてどこかで会って、

「あなたって諏訪大社《すわたいしゃ》④のような方ね」

「諏訪大社って、なんですか」

「無から有を生む、逞《たくま》しい神様なのよねー」

そう言って、またしばらく歩いていくんです。

この間の沈黙がポイントです。途中で彼が、

「長く続く不況は、これからどうなっていくのかな」

なんて話しはじめたら、頭をバチーンと叩《たた》いてやりましょう。

そうして、しばらく歩いて行って、ポツリと、

「私、諏訪の神様のような人と、結婚したいの――」

これを三、四回やればどんな鈍感《どんかん》な男でもわかります（笑）。

例えば、こういうふうにやればいいのです。いろいろ方法はあるでしょうが、やはりいろいろ考えないと駄目《だめ》です。

お互いが同じ気持ちを持っていながら、キッカケがないままにウヤムヤになってしまう場合というのも、結構多いものです。女性からしてみれば、

「なぜ、その一言を言ってくれなかったの」

ということになるのでしょうが、相手が言わないのなら、自分から言ってしまうというのが、これからの世の中に合った積極的な生き方です。

これからは、

「ある女性と会って告白しました。相手の方も即座にOKしたのですが、ほとんどその後、進展がありません。自分なりに努力し、運転免許も取ったし、定期預金も解約して、新婚旅行に行ける準備をしているんですけど、なかなか進展しないんです。せっかく神様からいただいた大切な縁も壊《こわ》してしまうのではと、心配になることがあります。恋愛に対し、臆病《おくびょう》にならずに進んでいく度胸《どきょう》をつけるにはどうしたらいいでしょうか」

なんて質問をしてくる男性も出てくるかもしれません。

《用語解説》

①道祖神《どうそじん》……村の境界など集落《しゅうらく》の境や、峠《とうげ》・辻《つじ》などの境界にまつられ、村や旅人たちを邪神《じゃしん》から守る神とされていた。たいていは男女一対となっている。男の神は最初の男神である神漏岐《かむろぎ》、女の神は最初の女神である神漏美《かむろみ》を示している。いわば夫婦神の元祖である。詳しくは、『恋の守護霊』（深見東州著・たちばな出版刊）を

ご参照ください。

②要石《かなめいし》……鹿島神宮《かしまじんぐう》の森の中にある石。根は深く地中に広がっている。鹿島大神が天より降臨《こうりん》したときにこの石に座られたと言われる。地震鎮《じしんしず》めとも言われている。また、建築のときに他の石を固定する役割を果たす重要な石を要石と呼ぶ場合もあり、そこから転じて、ある事柄を成り立たせる主要な人物や事物もそう呼ぶ。

③鹿島明神《かしまみょうじん》……鹿島神宮のこと。旧官幣大社《かんぺいたいしゃ》。官幣大社とは神祇官《じんぎかん》（日本中の神祇《じんぎ》の祭祀《さいし》をつかさどる官庁）の定めるところの最も高い格付けの神社。香取神宮《かとりじんぐう》とならぶ東関東の大社で、建国《けんこく》神話で活躍する武甕槌大神《たけみかづちのおおかみ》が祀《まつ》られている。鹿島大神の霊威《れいい》としては組織を束《たば》ねる気力、体力、実力、権力、執務実行力があげられる。詳しくは『神社で奇跡の開運』、『全国の開運神社案内』（深見東州著・たちばな出版刊）をご参照ください。所在地は茨城県鹿嶋市。

④諏訪大社《すわたいしゃ》……旧官幣大社《かんぺいたいしゃ》。全国一万余りの分社をもつ総本社。諏訪湖《すわこ》をはさんで上社《かみしゃ》と下社《しもしゃ》があり、上社に本宮と前宮、下社に春宮と秋宮があり、これらを総称《そうしょう》して諏訪大社という。ご祭神は、建御名方神《たけみなかたのかみ》、八坂刀売神《やさかとめのかみ》、兄神の八重事代主神《やえことしろぬしのかみ》が祀られている。主神である建御名方神は武神《ぶしん》として知られるが、無から有を生み

出す働きの創造発展の神であり、これから新たに事業を興《おこ》そうとする人、新しい分野に進出しようとする人はぜひ参拝した方がよい神社である。寅《とら》と申《さる》の年の七年目ごとに行われる「御柱祭《おんばしらまつり》」は、天下の奇祭として知られている。上社本宮の所在地は長野県諏訪市。

QUESTION 7

どうしてもあの人と別れたくない

人との出会いと別れは必然《ひつぜん》なのでしょうか。あまり好きでない人と別れなければならないときは、「これも運命だったのね。いい経験だったわ」とすぐ割り切れるのですが、本当に心から好きな人に対しては、運命に対して悪あがきをしてしまうようなところがあります。それが執着だと頭では分かっていても、「どうしても、この縁を切りたくない」と思ってしまいます。縁とは何なのでしょうか。そしてそれを最高のものにするには、どうすればいいのか、どうぞ教えてくださ い。先生の本には「出会いは守護霊様《しゅごれい》①がいくらでもつくってくださるが、後は自分の努力」とあります。別れというのは運命でも何でもなく、自分の努力にかかっているものなのですか。（K・M／女）

A　とにかくトコトンやってみること

深見　とにかくやるだけやってみることです。やるだけやって、それで駄目《だめ》だったときは、もう仕方がないと諦《あきら》めがつきます。やるだけやらなかったときに、ああすればよかった、こうすればよかったと、悔《く》やみが残るわけです。

ですから、とにかく恐ろしいぐらいに、やるだけやることです。

まず、産土様《うぶすなさま》②にお願いしましょう。

「このご縁が良きものならば、どうぞ最高のものにしてください。運命を変えてください」

とありのままの気持ちを神様に言うことです。

その人と一緒になることを発願《ほつがん》③して、神社で二十一日間お百度《ひゃくど》④を踏んで、祈《き》願《がん》⑤してみてください。

十日目ぐらいから相手の男性が熱を出して、

「もう、恐ろしいから、とにかく君と結婚する」

と言うかもしれません。

しかし、神様だけに頼っていては駄目《だめ》です。ベートーベンのように、手紙も書いたこともない、口で言ったこともない。友人に言ってもらったこともなければ、自分で何もしない。これでは相手に気持ちが伝わるはずはありません。

それでは、人間としてはどうしたらいいのでしょうか。

ちょっと気まずくて、直接会うことができないなら、手紙に思いを託してみるのもいいでしょう。でも、手紙は夜に書かないようにしましょう。特に深夜、一人で手紙を書いていると自分の世界に没入《ぼつにゅう》してしまいます。読む人の気持ちを全く無視して、便箋《びんせん》に八枚も十枚も三十枚も自分の気持ちを書いたら、受け取った男性は息苦しくなってしまいます。

手紙は日中にあっさりと書いてください。そして、何回も、定期的に間隔をおいて出すことです。

「臆病な私なんですけど、このまま手紙を書かなければ、息苦しくって死んでしまいそうです。死ぬよりはましだと思って、書きました。もうそれ以上は言えません」

とキッチリ言ってみましょう。

それから、その人がどういう性格なのか、何が好みかということを、友人関係からよく聞いて調査することです。女性の場合、情熱一本で押しまくることが得《とく》策《さく》とは限りません。傾向と対策を練《ね》る必要があります。

相手の好みや趣味が分かれば、あなたのほうから接点を作って、近づいていけばいいのです。

例えば、相手がイチローが好きだと分かり、さりげなくイチローの帽子をかぶっていれば、

「君、イチロー好きなの、僕も好きなんだよ」

という具合に話がはずみます。

また、人の心を掴《つか》むにはタイミングというものがあります。チャンスというのは、だいたい向こうがピンチに陥ったときに訪れるものです。

例えば、病気で入院した時、お見舞いのお花を持って行くとか、プレゼントを持って行くとか、失恋してしょげているときに励ましてあげるとか。元気をなくしているときに優しくされると、人間というのはホロリとくるものです。

バレンタインデーもチャンスです。掌《てのひら》にのるような小さなチョコレートをちょんと渡して、

「私の小さな気持ちを受け取ってください」

と言うのもいいでしょう。

逆に大きなチョコレートをドーンと贈るのもいいかもしれません。そうかといって、トラック一台分のチョコレートなんて、気が狂ったんじゃないかと思われますから、バケツ一杯ぐらいが限度です。ボストンバッグにいっぱいも、ちょっと多いでしょう。

そこまで努力すれば守護霊さんも、

「お前もよくやるなあ、そこまでやるなら、守ってやるぞ」

と応援してくれます。

逆に、それだけやっても駄目だったら、それが一つの答です。自分なりにベストを尽くして、それでも進展しなかった時には、縁が無かったんだな…と思って諦めがつきます。腹《はら》が納得するわけですから、それが執着をとることになります。

そうすれば、また新しい縁が生まれます。これは、就職活動でも、どんなことでも同じです。神様にお祈りして、人にもお願いして、自分でやれるだけのことをやれば、結果がどう出ようと諦めがつくのです。やるだけのことをやらないで、不完全燃焼《ねんしょう》のままおいておくから、いつまでもグズグズグズグズ思っているわけです。これが思いを切るコツです。あるいは物事を進展させるコツです。そういうものだということを、方程式のように頭に入れておけば、どんな問題でも解決する方法が分かるはずです。

《用語解説》

①守護霊《しゆごれい》……背後霊団《はいごれいだん》のリーダー。本人が天命《てんめい》に添《そ》って生きるように霊界から導き、その人の魂《たましい》（「御魂《みたま》」とも言う）の成長を第一として教育指導する尊《とうと》い存在である。一般的に、十代以上前の霊格《れいかく》の高い先祖霊《せんぞれい》が守護霊になる場合が多い。霊格が高いとは、生前、修業《しゆぎよう》を積《つ》んで学問を修《おさ》め、道を極《きわ》めて徳《とく》を養い、死後、霊界の高いところにいるという意味。

守護霊は本人が成長するにしたがって、通常、一生のうちに三回くらい交替する。また、守護霊団は一般人で十人～十五人、多い人で五十人～百人くらいで守ってくれている。

②産土様《うぶすなさま》……産土神《うぶすながみ》のこと。産土《うぶすな》とは、先祖伝来もしくは自分の出生地のことで、産土神は、産土（自分の生まれた土地）にいらっしゃる神様。産土神をお祀《まつ》りした神社を産土神社と言う。出生地の鎮守神《ちんじゆしん》を生まれながらの守護神として崇敬《すうけい》することを産土信仰《うぶすなしんこう》と言う。

しかし、神霊的には、いま住んでいる地域を守る産土神を大切にし、危急《ききゆう》の場合には出生地の産土神へも真剣にお参りするのがよい。

③発願《ほつがん》……身のうちから願いがフツフツと湧き起こること。また、神仏《しんぶつ》に誓《ちか》いを立て、表明することを言う。単に願いや願望を起こすことのほか、悟《さと》りを得ようとしたり衆生《しゅじょう》を救済しようという誓願《せいがん》も含まれる。この発願の内容を書いたものを「発《ほっ》願文《がんもん》」とか「願文《がんもん》」と言う。

④お百度《ひゃくど》……神仏への祈願《きがん》の方法のひとつで、「百度詣で《ひゃくどもう》」とも言う。元来、同じ神仏に百日間祈願することを言ったが、現在では一般に、寺社の境内の決まった場所と本堂や拝殿《はいでん》などの間を、一日に百度往復して祈願することを言うようになった。

⑤祈願《きがん》……神仏《しんぶつ》に願いごとがかなうように祈り願うこと。祈願を行う社や寺を祈願所《きがんじょ》という。祈願と祈祷《きとう》は同じ意味だが、祈祷の場合は一定の儀礼《ぎれい》にのっとって行うもの。

QUESTION 8

結婚を決めるとき、何を一番大切にするべきか

一度離婚をしています。最近になって、周囲の協力もあり、お見合いの話が出ています。今まで二人の方とお会いしたのですが、良いのか悪いのかピンと来るものがありません。結婚（再婚）を決めるとき、何を一番大切にして決断すれば良いのでしょうか。

（H・S／女）

A　結婚は妥協《だきょう》の産物

深見

はじめての結婚にしろ再婚にしろ、二人のうちどちらを選ぶのか迷うような場合は、どちらを選んでも大して変わらないと思わなくてはいけません。結婚とは一言でいえば妥協《だきょう》です。ところが、若い頃の恋愛感《れんあいかん》情《じょう》というのは、その本質を隠《かく》して見えなくさせてしまうのです。理想の人というのはあるかもしれませんが、現実に生活するとなれば百点満点の完璧《かんぺき》な人というのはいません。結婚生活の経験のある方なら、そのことはお分かりだろうと思います。

結婚は妥協です。しかし、妥協というのは決して悪いことではありません。妥協して寂《さび》しいと思う場合もあるでしょうが、寂しいがゆえに内的に充実した生活が送れるという側面もあります。家庭生活が満たされて、本当に夫婦仲良く円満な家庭というのは、芸術家や宗教家にはふさわしくありません。

優れた作品こそが芸術家の命です。魂を削《けず》り、己《おのれ》を孤独の淵《ふち》に追い込むようなところがなければ、本当の芸術作品というものは生まれません。そういう意味では、どこか満ち足りないところを常に持ち続けることこそが芸術の糧《かて》になるわけです。

もちろん、誰もが芸術家を目指すわけではありません。ごく普通の幸せな家庭をつくるのなら、なるべく妥協は少ないほうがいいでしょう。とはいえ、結婚は妥協の産物です。あなたが妥協するように、相手も妥協しているのです。ただし、許せる妥協と許せない妥協がありますから、まず、そこのところをよく考えてください。

よく話し合い、よく理解しあって、共通項を見つけるまであせって決めないことです。子どもの教育に対してどう考えているのか。仕事に関してはどうなのか。教育観《かん》、家庭観、仕事観などについてなるべく同じ考え方をしていること、つまり共通の人生観を持っていることが大切です。あるいは、音楽でもスポーツでも共通の趣味があるというのもいいです。

いろいろガタガタすることがあっても、例えば子どもの教育に関して、どの幼稚園に入れて、どの学校に入れるのかということについて同じ考え方を持っていれば、他のことはお互い妥協して平和にやっていくことができるわけです。よく話し合い、お互い理解した上で、もし共通項が日本人というだけであるとか、結婚したいということ以外は共通項がないという場合は、やめた方がいいでしょう。

同時に、相手の足跡《そくせき》をよく見ることも必要です。一つの仕事を十年以上続けているかどうか、相手に聞いてみることです。若い人でしたら、趣味でも特技《とくぎ》でも構《かま》いませんから、何か十年以上続けていることがあるかどうか。職場をコロコロ替える人というのは、奥さんもコロコロ替える傾向があります。一つのことを十年以上続けている人というのは、物事を継続させていこうという気持ちを持っていますから、家庭も長続きします。

それから、相手の両親や兄弟に、離婚を繰り返している人がいないということもポイントになります。親戚が皆、二度三度と離婚をしているのは、結婚運のない家です。結婚して籍《せき》を入れると、その家の家庭運が強く出てきます。一見冴《さ》えないような相手でも、結婚運がいい人と一緒になったほうが幸せな家庭が築けます。

以上のようなことを、話し合いの中で相手から聞いて判断するとよいでしょう。それでも分からなかったら、神様に聞いてみるという方法があります。特に産土《うぶすな》様《さま》は、結婚、出産など生活の重要なところを全部管轄《かんかつ》されていますから、「この人と結婚していいでしょうか」と発願をしてご祈祷《きとう》することです。正式参拝をして、神主《かんぬし》さんに祝詞《のりと》①をあげていただきましょう。また、お百度《ひゃくど》を踏まなくてもいいですから、二十一日間毎日必ず神社に行ってお祈りをしてください。すると二十一日目か、その前までにハッキリと分かります。

例えば、前の奥さんと分かれた理由が、お酒を飲むと暴力をふるいたくなるからだったということが、ポロリと相手の口から出てきたりとか、隠していたことがパッと出てきます。神様のご加護《かご》②があれば、相手に対して何かピンときて、これだな、というようなものを感じます。これが一番確かです。

これは再婚でなくても、初婚《しょこん》でも、あるいは三回目でも四回目でも同じことです。

《用語解説》

①祝詞《のりと》……神祭《しんさい》のときに唱《とな》えられる詞《ことば》。それぞれの神社で独自の祝詞を伝えている。

②ご加護《かご》……神仏が力を加えて助け護《まも》ること。

QUESTION 9

入籍《にゅうせき》したら相手の嫌なところばかり目につき、我慢できなくなった

お互い再婚で、この春入籍いたしました。ところが、入籍した直後から、相手の嫌なところばかり目につくようになり、相手の存在すら我慢できない状態になってしまったのです。まだ正式に離婚していませんが、現在別居中です。何度結婚しても失敗することになるのでしょうか。因縁解消《いんねんかいしょう》は今後どうすればよろし

いのでしょうか。

（H・Y）

A 一度決めたら後悔しないこと

深見

籍《せき》を入れたとたんに相手を見るのも嫌になる、存在するのさえ許せないという感覚になるのは、生霊《いきりよう》①が憑《つ》いている場合が多いようです。

相手の別れた奥さんやその親戚縁者《しんせきえんじゃ》の「あいつは許せない」という念が、生霊となってあなたをピリピリとさせているのです。

死んだ霊というのは温度もなく、暗くゾクゾクしたものを感じさせますが、生霊は今生きているライブの怨念《おんねん》②ですから、特に強いエネルギーを発します。ですから、まず生霊の救済除霊《きゅうさいじょれい》③をすることをお勧めします。

また、籍を入れるとその家の因縁が出てきます。それを最小限にとどめるのには、家庭運のよくなる家相の家に住むこと、それから家庭運のよくなるような名前に改名するという方法があります。女性の場合、籍を入れると姓《せい》が変わりますから、その姓に合わせた名前に改名することで、だいぶ因縁をおさえることができます。

結婚するときもそうですが、別れるときもあせって決めないことです。相手の存在さえ許せないというのが、生霊のせいなのか、それともそれが相手の本質なのかということを、神様に聞いてみるのもいいでしょう。あせらず、じっくりと判断をして、決めたら今度は振り返らないことです。

「やっぱり、一緒になるんじゃなかった」

「あのとき別れなければよかった」

とか、あとで後悔するかもしれないと思うから迷うのです。何かを決断するときに大切なのは、

「決断したら悔やまない」

と自分に言って聞かせることです。そういう人生観を確立すれば、絶えず決断ができるようになります。

どういう結果になろうとも、一度決めたことは絶対に悔やまないという腹ができれば、その決断が正しかったのだという結論になるように自分で努力をするよ

うになります。そこから運勢は変わっていくのです。これは結婚、離婚だけではなく、受験でも、就職や転職でも、あらゆる人生の決断において共通の原則です。

《用語解説》

①**生霊**《いきりょう》……死んでしまった人の霊ではなく、現在生きている人の怨《うら》み、怒り、慕情《ぼじょう》などの念が霊となっている状態を意味する。文字どおり、生きている人間の霊である。生霊《いきりょう》は、代々怨み抜く怨念霊《おんねんれい》と同様、多くの人に憑《つ》いていて、その人の人生に多大な影響を与えている。身体の調子が悪くなり、事故に遭《あ》いやすくなったり、特に男性から強烈に怨まれている女性が妊娠《にんしん》すると、流産《りゅうざん》につながることが多い。

②**怨念**《おんねん》……読んで字のごとく「怨みの念」。念という字は「今」と「心」を組み合わせたものであり、今の心——すなわち〝想い〟のこと。
殺されたり、騙《だま》されたり、捨てられたりして、人や家を怨んで死んでいった霊

が、怨念を晴らそうと憑依《ひょうい》したものを怨念霊と言う。怨念霊の執着心《しゅうちゃくしん》は想像を絶するもので、何百年も怨み続けて復讐《ふくしゅう》の機会を窺《うかが》うことはざら。特に捨てられて呪《のろ》いながら自殺した女性の怨念霊や、その昔、遊廓に売られた怨念霊は強烈で、執着《しゅうちゃく》のあまり、蛇《へび》の姿になっているものが多い。

③救済除霊《きゅうさいじょれい》……著者の除霊（救霊《きゅうれい》）は、愛念とご神霊《しんれい》とが宿《やど》った和歌《わか》や長歌《ちょうか》を数首、数十首と連続して詠《うた》うことにより、憑依霊《ひょういれい》を悟らせ、浄化《じょうか》し、そしてご神霊《しんれい》に許しをいただき、本来、居《い》るべき霊界へ送るもの。

霊力や光エネルギーで除霊する人は多いが、和歌や長歌を詠う言霊救霊《ことたまきゅうれい》を行っているのは、おそらく著者一人であろう。パワーによる除霊は、本当の意味での憑依霊の救いにはならない。追い払うだけでは、未来永劫《みらいえいごう》の霊の救いとはならないからだ。ご神霊と一体になった和歌、長歌のなかに憑依霊の宿命《しゅくめい》や霊界の法則を詠い込み、霊を真実悔悟《かいご》させ、はじめて霊自身の想念《そうねん》の転換《てんかん》ができ、その結果素晴らしい霊界へと送ることができるのである。

QUESTION 10

主人が部屋を散らかしてイライラする

昨年の十二月に結婚しましたが、主人が部屋を散らかしてばかりで毎日イライラしています。とても狭い部屋なので、すぐ目についてしまうのです。毎日のように注意しているのですが少しも直りません。先生の本を読んでも、部屋は整理整頓したほうがいいと書いてありますし、私もよい気を保つために部屋を綺麗《きれい》にしていたいのです。不必要な物を捨てずにいて、部屋をすぐに散らかしてしまうのを直すにはどうすればよいのか、アドバイスをお願いします。（M・K／女）

A 期待感を持たないこと

深見

結論から言えば、これは直らないでしょう。

しかし、ご主人というものは部屋さえ綺麗《きれい》にしていれば、パチンコやマージャンばかりしていて、給料をお嫁さんに渡さなくても、家ではテレビばかり見ていて、何も生産的な勉強をしなくてもいいのでしょうか。仕事は左遷《させん》に次ぐ左遷で、日本中をぐるぐる回されていても、部屋だけはピシーッとしていればあなたは満足ですか。

確かに部屋は汚いより綺麗なほうがいいでしょう。しかし、それがご主人としての唯一無二の絶対的な価値ではないはずです。

ご主人の長所を見てあげてください。例えば、夜はちゃんと帰って来るとか、お酒はほどほどしか飲まないとか、女性にもてるほど体型がよくないとか、いろいろあると思います。

物事には解決できる問題と、解決できない問題があります。この場合は、解決できない問題と考えて、あなたが毎日お掃除をすればいいのです。

「あなた、いらない物があったら出して」

と言って、セッセと片づけることです。

「これだけなの？　もっと出して、どんどん出してよ」

と、ご主人をせっついて、毎日あなたが掃除すればいいのです。

そんなに完璧な人はいませんし、それさえ辛抱《しんぼう》すればうまくいくのです。

なぜイライラするのかと言うと、期待感があるからです。愛情とか真心とか言いますが、その中には、相手にこうあってほしいという期待感が必ず入っています。援助でも協力でも、あるいはご奉仕でもそうです。

期待感があるのに、相手がそれに応えてくれないから腹が立ったり、イライラするわけです。期待感をなくせば、腹も立たなくなります。もう、この人には期待しない、永遠に散らかし続けるのだと、諦めることです。

そう思って、毎日セッセとあなたが掃除をすれば、ご主人も、

「お前のような綺麗好きな人と結婚してよかった。俺は幸せだよ」

と思うでしょう。

これが小学生か中学生ぐらいでしたら、直る可能性はあります。しかし、結婚

するような年齢になるまで持ちつづけてきたクセが直るはずがありません。大体男性の場合は、二十歳を過ぎたらまず無理でしょう。

短所を直してほしいなんて、期待するから愛情が注げないのです。嫌《いや》な部分まで含めて愛せなければ、人間としての包容力《ほうようりょく》というものは出てきません。

親子関係がぎくしゃくするのも、親が子どもに期待感を持つからです。子どもが親の期待どおりにいかないから、腹が立ってイライラするのです。子どものほうも、お父さんやお母さんに、「こうあってほしい」という期待を持っています。でも、お父さんの欠点やお母さんの欠点が今さら直るはずはありません。しかし、子どもも腹を立てて、イライラして、虚しく寂しく思っています。だから、ケンカになるのです。

親は子どもにこうあってほしいと期待をする。子どもはお父さんにこうしてほしい、お母さんにこうしてほしいと期待をする。あるいは、夫たるものこうあるべきだ、妻だったら、これぐらいのことはやってくれてもいいんじゃないか、という期待感があります。しかし、しばらく言ってみて直らなかったら、それ以上は追及せずに、解決できない問題のジャンルに収《おさ》めて諦《あきら》めることです。

期待感を持たずに、短所をそのまま愛してあげてください。それが本当の愛情であり、包容力というものです。あるいは、人に親切にするのでも、ご奉仕や援助、協力ということでも、期待感を持たずにやるのが本当なのです。

運が悪いと嘆いているあなたへ

第3章

QUESTION 11

身の周《まわ》りで悪いことが連続して起こる

僕の兄は四カ月前に自転車を買ったのですが、ほんの二カ月ぐらいで盗まれてしまいました。一カ月前にまた自転車を買いましたが、それも二週間ぐらいで盗まれてしまいました。僕も一週間くらい前に自転車を盗まれ、かわりにスクーターに乗ろうとしたら、アクセルが壊れてしまいました。このように調子が悪いときというのは、諦めるしかないのでしょうか。運の悪い状態から抜け出して、調子のいい状態に戻るにはどうしたらいいのですか。

（M・K／二十四歳／男）

A 調子が悪いと思わず感謝すること

誰にでも悪いことが続けて起きるときというのはあります。そのときに大切なのは、決して運が悪いとか、調子が悪いと思わないことです。悪い、悪いという思いは、悪い現実を引き寄せます。

深見

自転車を盗まれたのは、確かに運が悪いことでしょう。しかし、もしその自転車に乗っていたら、トラックにぶつかって大ケガをすることになっていたのかもしれません。もちろん、そんなことは分かりませんが、そういう可能性だってあったのです。

善因善果《ぜんいんぜんか》、悪因悪果《あくいんあっか》①といいますが、ものごとには必ず原因と結果があります。良い行いや思いは、よい現実を引き寄せますし、悪い行いや思いは悪い現実を招き寄せます。すぐに現実となってあらわれる場合もあれば、前世で行ったことが、今世、結果となってあらわれる場合もあります。いずれにしろ何か悪いことが起きるというのは、巡《めぐ》り巡って、その原因は自分自身にあるのです。

逆に言えば、自分の身に何か良くないことが起きたということは、自分が抱《かか》えこんでいる悪因縁《あくいんねん》（劫《ごう》）がひとつ解消されたということです。ですから、それは現象としては悪いことに見えても、これから良くなっていく契機《けいき》でもあるわけです。

しかも、それが交通事故のような大難ではなく、自転車を盗まれたぐらいのことで済んだのですから、有り難いことなのです。神様が大難《だいなん》を小難《しょうなん》に奉《まつ》りかえてくれたのだと思って感謝することです。そう思えば、運が悪いと思うようなことでも、運が良かったのだと考えることができるわけです。また、特に悪いことが起きなくて、普通に一日が過ごせたならば、それは神様が小難を無難に奉りかえてくださったと考えることです。そう思えば、いつでも感謝の気持ちで一杯になります。

いつも「良かった良かった」と思っていれば、良いことが現実に起こるようになります。これが、明るいものの考え方、運を良くするものごとの受けとめ方なのです。

《用語解説》

①善因善果《ぜんいんぜんか》、悪因悪果《あくいんあっか》……人間は業《カルマ》や徳分《とくぶん》を背負ってこの世にオギャーと生まれてくる。それは前世の業や徳分であり、家代々の業があり、また徳分がある。

善因善果とは前世で作った徳分が今世になって返ってくることで、悪因悪果とは前世の業が今世に返るということ。当然、業を背負う人生のレールを走る人は、前世の業の贖《あがな》いをしながら生きなければならない。そして、その生き方に応じて守護霊《しゅごれい》が守護をしてくださるのである。徳と業の関係や、業をはね返す生き方については、『大天運』、『大創運』（深見東州著・たちばな出版刊）等をご参照ください。

QUESTION

12

最悪の状態で関東に出て行っていいか

ここ二年半の間に、なぜか友人と次々と別れる羽目になってしまい、寂しく思っています。また、最近は体調も崩《くず》してしまいました。もう、関西ではやっていけないような気がするので、関東に出ようと思うのですが、最悪の状態のまま出て行ってしまっていいのか考えてしまいます。

（M・N／女）

A よい方位に動けば運命は開く

深見

運勢が変わるというのは、人間関係が変化していくということです。今まで身の周りにいた人との関係が駄目になっても、また新しい人と出会い、その人が新しい場所へ連れて行ってくれたり、今まで知らなかった情報をくれれば、自分の環境は良くなっていくわけです。寂《さび》しいような気がするかもしれませんが、明るく前向きに考えるようにしてください。

ただ、自分の生まれた年月日によって、大地のエネルギーの流れから受ける影響というのは違ってきます。あまり小さいことをいちいち気にしていては、社会生活ができなくなってしまいますが、これから新しい環境で人生を切り開いていこうと思うなら、信頼のおける気学《きがく》の占い師に見てもらって吉方位《きっぽうい》①を取ることをお勧《すす》めします。自分にとって関東が吉方位になる時期に引っ越して、出直《でなお》せば、そこで新しい仕事、新しい人間関係が開いていきます。

《用語解説》

①吉方位《きつぽうい》……自分にとって吉の効果をもたらしてくれる方角。その方角に旅行したり、引越したりすることで運勢を改善できる。気学（九星《きゅうせい》・方位学）などで鑑定する。

QUESTION 13

お盆の前になると身体《からだ》の具合が悪くなる

毎年お盆の前には身体の具合が悪くなります。今年も身体がだるく頭痛に悩まされています。心では頑張ろうと自分にハッパをかけるのですが、ここ一番というところでファイトが湧かず、粘《ねば》りがききません。夢はいっぱいあるのに、情けない話です。自分を奮《ふる》い立たせるためにはどうすればいいのでしょうか。

郵便はがき

料金受取人払郵便

荻窪局承認

8019

差出有効期限
2021年6月
30日まで
(切手不要)

167−8790

(受取人)
東京都杉並区西荻南二丁目
20番9号 たちばな出版ビル
(株)たちばな出版

たちばな新書
「コルゲン講話」係行

フリガナ		性別 男・女
お名前		生年月日19 年 月 日
ご住所	□□□-□□□□	TEL ( )

ご職業
- □ 会社員・公務員
- □ 主婦
- □ 会社役員
- □ パート・アルバイト
- □ 自営業
- □ その他( )
- □ 学生(小学・中学・高校・大学(院)・専門学校)

著者の新刊、関連する団体やセミナー・イベント情報の資料を希望されますか? はい ・ いいえ

アンケートハガキを送るともらえる開運プレゼント！ 毎月抽選

パワースポット巡り
DVD

&

パワーストーン・ブレスレット

(女性用)
サンストーン・金・パールは最強の組合せ！

(男性用)
魔を払い、願いが叶いやすくなる！

プレゼント付き

読者アンケート

たちばな新書
「コルゲン講話」

★本書をどのようにしてお知りになりましたか？

①広告で（媒体名　　　　　　　　　　）②書店で実物を見て
③人にすすめられて　④インターネットで見て
⑤書店での手相占いフェアで　⑥その他（　　　　　　）

★本書をお買い上げの動機はなんですか？（いくつでも可）

①書店でタイトルにひかれたから
②書店で目立っていたから
③著者のファンだから
④新聞・雑誌・Web で紹介されていたから（誌名　　　　　　）
⑤人からすすめられたから
⑥その他（　　　　　　　　）

★本書をお読みになってのご意見・ご感想をお聞かせください。

★ご感想・ご意見を広告やホームページ、
本の宣伝・広告等に使わせていただいてもよろしいですか？

①実名で可　②匿名で可　③不可

ご記入いただきました個人情報は、DM 等による、弊社の刊行物・関連商品・セミナー・イベント等のご案内、アンケート収集等のために使用します。

ご協力ありがとうございました。

A 自分を鼓舞《こぶ》することを習慣づける

（K・Y／女）

深見

まず救霊（救済除霊）を受けることをお勧《すす》めします。お盆の時期に必ず具合が悪くなるというのは、多分、不慮《ふりょ》の事故で亡くなった先祖や、何らかの理由でこの世に怨《うら》みを残している先祖の霊があなたに助けを求めているのでしょう。先祖というのは無尽蔵《むじんぞう》にいますから、全部救っていたらキリがありませんが、自分の直系《ちょっけい》の霊くらいは救霊しておいたほうが身のためです。

もう一つは荒魂《あらみたま》を鍛えることです。

人間の魂というのは役割によって次の四つに分かれています。

①奇魂（くしみたま）……智を司る。他の三つの魂の統括的《とうかつてき》な働きをする。

②和魂（にぎみたま）……親《しん》、和《わ》、すなわち調和を司る。肉体では内臓を担当。

③荒魂（あらみたま）……勇気と根性を司る。肉体では筋肉や骨格を担当。
④幸魂（さきみたま）……愛情を司る。心の部分を担当する。

荒魂は具体的な問題を現実に成就させるために大きな働きをします。身体の役割としては筋肉や骨格に対応していますから、朝早く起きてランニングをするとか、縄跳《なわと》びをするなどして筋力を鍛《きた》えることです。荒魂が鍛えられると、オーラが剣のように強くなり、霊は恐れをなして寄って来なくなります。

しかし、すでにある程度霊にやられてしまっている場合は、そうした気力が湧いてこないでしょう。やればいいとわかっていても、そうできないから自分のことを情けなく感じるのです。

そんなときは、神様の力を借りることです。

神様にもいろいろな働きがありますが、自分を鼓舞《こぶ》して、活力を取り戻し元気になるには、現実界に大きな働きをする三宝荒神《さんぽうこうじん》①様が一番です。家に三宝荒神様の社《やしろ》がある場合は、毎日天津祝詞《あまつのりと》（三宝荒神様のお祭りの仕方、ならびに天津祝詞の奏上についてては拙著『大金運』（たちばな出版刊）をご参照ください）を唱《とな》えてみてください。

水をあげて、線香とロウソクを灯すと、水気《すいき》と火気《かき》が合流して、神様のエネルギーがより強く顕現《けんげん》します。それが直接身体にパワーを与えてくれますから、身体中に活力がみなぎってきます。

家に荒神様のお社がない場合は、近くの産土様にお参りをするといいでしょう。

「体調が悪くて頑張《がんば》りがききません。夢はいっぱいありますから、何とか自分を奮《ふる》い立たせて頑張りたいと思います。どうぞお力をお貸しください」

と毎月一回お願いしてみてください。

できれば一日か十五日がいいのですが、その日にどうしても行けないときは、二〜三日ずれても構いません。とにかく、一年間毎月神社にお参りすれば、必ず目に見えて元気になります。

頑張ろうと思っても、なかなか力が湧いてこないという状態を変えたいと思うなら、やはり具体的に自分の生活を変えていくしかないわけです。それには、まず毎日祝詞を奏上《そうじょう》して神様に感謝することを習慣づけることです。あるいは、月に一回産土神社にお参りをして、祈願、発願をすること。そうしているうちに、体操とか筋力トレーニングとか、あるいは本を読むとか、自分で自分を奮い立たせるために有効なことを自然にやれるようになって、どんどん自分が変わっていきます。

《用語解説》

①三宝荒神《さんぽうこうじん》……民家の代表的な屋内神《おくないしん》。火の神、竈《かまど》の神としてまつられている。

QUESTION 14

四角い顔を丸くしたい

最近、顔がやせたわけではないのですが、だんだん四角になってきたような気がします。

知人にもよく言われます。これは守護霊様の顔が四角くて、それに似てきたからなのでしょうか。それとも、母親の顔が四角いので、母方の因縁を受けやすくなってきたということなのでしょうか。どちらにしても、私は女性なので、顔が四角くなるのはあまり嬉《うれ》しくありません。できればもとの丸い顔に戻りたいのですが、守護霊様にお願いして、もとの顔に戻してもらうことはできないのでしょうか。

（R・K／女）

A 四角いなりに美人になればよい

深見　守護霊は、前世で徳を積んだ霊で、一年三百六十五日、一日二十四時間、休むことなく私たちを背後から守ってくださっています。一般に幼年期、青年期、壮年《そうねん》期というように、生涯に四～五回守護霊は交替《こうたい》します。その人の成長に合わせて、もっともふさわしい霊が守護にあたるわけです。

守護霊が交替すると守護霊に顔が似てくるということは確かにあります。しかし、問題は顔が四角いか丸いかということではなくて、その人なりに綺麗かどうかということなのではないでしょうか。

四角くても綺麗ならばいいじゃありませんか。丸い顔をしている人がみんな美人とは限りません。四角いなら四角いなりに美しく、人が見て感じがいいと思うような顔になる努力をすることです。守護霊さんもせっかく四角くて綺麗な顔にしてあげようと努力しているのに、あまり丸い顔にこだわってばかりいると、目が吊《つ》り上がったり、細部の造作《ぞうさく》において、いろいろ問題が生じてくるかもしれません。

それから、あまり気にしないことです。周りの人に四角と言われて、本人も「四角いなあ」と思うと、本人と周囲の人の想念で、ますます顔が四角くなっていきます。

「私は美しい。人が見て感じがよいと思う顔だ」

と思うようにすることです。

自分のためだけではなく、人に対する愛と真心を込めてそう願えば、守護霊さんも聞いてくれます。

しかし、「四角い顔を丸い顔にしてください」というのは、愛と真心が出しにくい祈りなのではないかと思います。

QUESTION 15
どうしたら悩みを解消できるのか

私は大変な悩みを持っています。どうしたら、この悩みが解消できるのでしょうか。
（Y・O／五十九歳／女）

A 悩みを持ったまま明るく生きること

深見 悩みの中身が書いてないので、どういう悩みなのか分かりませんが、基本的には悩みを持ったまま、明るくエネルギッシュに生きることです。

ふだん、あまり悩んだことのない人は、ちょっとしたことでも大変な悩みに感じられます。もうお亡くなりになりましたが、名古屋で農業をやってらっしゃる明るくて元気なおばあちゃんがおりました。その方には息子さんが二人いらっしゃるのですが、二人とも犯罪を犯して刑務所に入っているということでした。悩みといえば、これは大変な悩みです。これに比べれば、たいていの悩みなんてたいしたことはないものです。

悩みというのは雲のようなものです。雲の中に入ってしまうと、雲しか見えません。でも、曇っている部分が三〇%ならば、残りの七〇%は晴れているのです。どんなにお天気がよくても、雲一つない晴天というのは一年に何日もありません。それと同じように、心の中に全く悩みがないときなんて、結婚が決まったとか、子どもが学校に合格したとか、栄転《えいてん》が決まったという一瞬《いっしゅん》だけです。ふだんは誰でも、絶えず心のどこかに雲はかかっています。でも、雲があっても太陽が輝いていればそれでいいのです。

人にはそれぞれいろいろな悩みがあります。お金の悩み、仕事の悩み、顔やスタイルの悩み、人間関係の悩み……。しかし、悩みの種類が何であるかということよりも、悩みがその人の心の何％を占めているかということが問題なのです。他人から見たら、よく生きていられると思うほど大変な悩みを抱えているように思える人でも、じつは若いときにもっと大きな苦労をして、これくらいは何でもないと夢と希望に燃えて生きている場合もあります。だいたい、心の中の三〇％くらいに悩みを抑えておけば、その人は幸せな状態だと言えるでしょう。

世の中には、解決できる問題と解決できない問題があります。解決できる問題は、早く解決したほうがいいのですが、解決できない問題をどうしたらいいかと考えて悩んでいる場合が多いのです。例えば、女として生まれたら、嫁姑《よめしゅうとめ》の問題はどちらかが死ぬまで本質的には解決しません。解決できない問題は、とりあえず保留《ほりゅう》にしておいて、考えないようにすることです。時間がたって環境が変わると自然に解決することもあります。

解決できない問題は、解決できないと頭で解決して、解決できる問題から一つずつ解決していくことです。現実的な方法としてはそれしかないのです。

QUESTION 16

試練《しれん》を乗り越えずに回避《かいひ》したらどうなるのか

神様や守護霊様から与えられた試練を、それと知りつつ、乗り越えられずにそこから回避したら、導いてくださろうとした神様や守護霊様はどう思われるのでしょうか。

今まで、試練を乗り越えるべく、吐きながらでも行動し続けてきましたが、もうこれ以上今の状態を続けることはできません。得ることも多々ありましたが、結局は壁を越えられませんでした。口惜《くちお》しくもあり、また導いてくださった方々に申し訳なく思います。

たとえ、マイナスからの出発となっても、今の環境を一度すべて壊して、明るく前向きな気持ちで生活がしたいのです。神仏だけでなく、世間一般の目から見ても、勝手《かつて》なやつと思われるに違いありませんが、二十五歳からの十年間は「修身斉家《しゅうしんせいか》、治国平天下《ちこくへいてんか》」のための修身《しゅうしん》の期間として、自分のやりたいように自分を錬磨《れんま》していきたいと思っています。しかし、今の状態にいることを喜んでいる人たちや両親、そして何より導いてくださった方々に対し、申し訳なく思っています。その方々がどう思うのか教えてください。（Y・K／二十五歳／男）

A　焦らず努力を積み重ねていけば必ず壁は越えられる

深見

二十五歳というのは、男性の厄年《やくどし》のひとつです。厄年というのは、それまでの劫《ごう》が一気に吹き出してくる時期です。男性の場合、特に、四十二歳やその前後に大きな社会的な問題で苦しんだり、病気をしたりします。しかし、逆に長い間得られなかったものがそのときに得られることも多いのです。二十五歳というのも大変苦しむ時期ですが、その苦しみと葛藤《かっとう》の中から、今まで得たいと思っていたものが見出せる天の時でもあるわけです。

私も二十五歳のときに師匠の植松愛子先生との出会いがありましたが、本当に大変な時期でした。ただ、私の場合は与えられた試練を全部乗り越えてきたと自負しています。

試練を回避して、「修身斉家《しゅうしんせいか》、治国平天下《ちこくへいてんか》で十年間頑張る」というのは、おかしな話です。今直面している問題を乗り越えなければ、次なる試練も多分乗り越えられないだろうと思います。

二十五歳というのは、自分の理想と現実のギャップに突き当たる時期ですし、対人関係のゴチャゴチャもいろいろ出てきます。そういうときは「すべての環境をぶち壊してやりたい」と思うものです。

試練とはいいますが、具体的にはどのようなことなのでしょうか。本人は精神的に試練と感じているかもしれませんが、客観的に見れば、別にたいしたことのない普通の日々を送っているだけということが多いものです。自分でこうしようと決めたことが貫けずにいるだけなのではないでしょうか。

何か大きな志のためには、すべてを捨てて新しい環境に身を置くことが必要なこともあります。その場合はそうするべきです。何かを得るためには、何かを捨てなければなりません。

何もないのにすべてをぶち壊したいというのは、誰でも思うことです。特に結婚なんてすると、ストレスが溜《た》まって、まず旦那《だんな》の顔からぶち壊したくなるようです（笑）。子供もいい子ならばいいのですが、問題のある子だった場合は、親は本当にすべてをぶち壊したくなりますが、それを乗り越えていくのが家族です。

芸術でも技術でも、何かを習得していこうとすれば、途中で必ず壁にぶつかります。その壁をジャンプして越えたときに実力が上がるわけです。しかし、ジャンプする前というのは、悶々《もんもん》としてすべてをぶち壊したくなるような衝動にかられます。これがものごとを生み出していくときの悶絶《もんぜつ》するような葛藤《かっとう》です。私も何千回も何万回もそういう思いを持ちました。しかし、その度にすべてをぶち壊していたらどうなるでしょう。

気持ちは分かりますが、これは焦《あせ》りなのです。理想はあるけれども、実力がともなわないために意志が貫けないという、自分自身に対する焦りです。そんなときは、すべてをぶち壊してゼロからやり直したいと思いますが、ほとんどの場合、環境を変えてみてもまた同じ壁にぶちあたります。

一度壁を越える瞬間を経験した人は、次に壁にぶつかったときも、それを乗り越えることができます。一度体得すれば何度でもジャンプすることができるのです。しかし、壁にぶつかる度にすべてをぶち壊して、違う環境へと逃げていたのでは、結局何ごとも成就《じょうじゅ》できない人間になってしまいます。問題は最初の壁をどう越えるかです。

はじめて壁にぶちあたったときというのは、身も世もないほどの大問題のように感じられるものです。はじめは誰でもそうです。これは、語学の壁でも、絵画や書道や音楽などの芸術の壁でも、あるいは人間関係の壁でも同じことです。

悶々としながらも、焦《あせ》らず急がず、一つずつものごとを積み重ねていくことです。爆発しそうな気持ちを抑えて続けていけば、必ずパーンと越えるときが来ます。その瞬間に、神様や守護霊様の存在を実感するのです。

人間関係の壁を越えろ！

別々の価値観をもっている人間が一緒に何かをするときというのは、最初のうちは自分にない魅力を相手に感じるものですが、だんだん距離が近づいてくると、お互いの欠点が大きく見えてきます。お月様は遠くから見ると綺麗ですが、近くから見ると、クレーターだらけです。空気も水もない埃《ほこり》と塵《ちり》のボコボコの固まりというのが月の実体です。人間の実体というのも、それと同じことなのです。

その上でなお、他人を理解して包容《ほうよう》して愛そうとすること。それが人と人との付き合いです。他人は決して自分と同じようには考えないし、期待するようには動いてくれません。これは、夫婦でも兄弟でも会社でも、あるいはご神業《しんぎょう》のグループでも同じです。

人間関係がうまくいかないと、ストレスがたまって、すべての環境を破壊したくなります。その気持ちは分かりますが、どんな人でもそれを乗り越えて、本当の愛や包容力、忍耐力をつけていくのです。それが人間として成長していくプロセスであり、大人になるということです。

二十代というのは、理想と希望に燃えて、自分の思う正義がすみずみまで行き渡るべきだと考える時期です。三十代になると、上司や先輩を立て、部下を使い、同僚と仲よくやっていかなければ社会的な責任が果たせなくなっていきます。そこで、片目をつぶることを覚えます。人に対して完璧を求めず、仕方ないと思うところは見ないようにするわけです。

四十代になると、これが抵抗なくできるようになります。片目をつぶるべきときはつぶり、ときには両目をつぶったふりをしながら薄目をあけて見ていたり…。しかし、開くべきときには、両目をカッと開いて自分の意見を堂々と言えるようになります。

押すべきときにはガーンと押して、引くべきときにはサッと引く、そして何もしないときには何もせずにボーッとしている。この調整が効くようになるのが四十代です。そうして、はじめて社会で本当の実力を発揮して、活躍できるようになるわけです。これが、年代とともに脱皮《だっぴ》していかなくてはならない人間関係のポイントです。

道を志《こころざ》す人間の四つの戒《いまし》め「矜《きょう》・燥《そう》・偏《へん》・急《きゅう》」

道を習得していこうという人間には、戒めなければならないことがあります。それは「矜《きょう》・燥《そう》・偏《へん》・急《きゅう》」の四つだと神様は指摘しています。「矜」は、奥深い部分にある内的な驕慢《きょうまん》の意味で、心の深い部分にある奢《おご》りです。「燥」はあせりです。「焦り」というのは肉体的な次元に近いあせりですが、「燥」は、もっと内的に深い部分のあせりです。「偏」は偏《かたよ》った物の見方。そして、「急」は急ぐことです。

若い人は、春の樹木のようにエネルギーに満ちあふれていますから、急いで良くなりたいと思います。しかし、バランスよく物事を見ずに、偏った見方をしています。偏った見方になるのは、燥りがあるからです。なぜ燥るのかというと、内的に深い部分に心の奢りがあるからなのです。つまり、急いで良くなりたいというのは、結局は心の奥に芽生えている傲慢《ごうまん》さから来ているのです。

逆に言えば、心に驕慢、傲慢なところがあるから燥って、偏ったことを急いでやろうとするのです。焦らず急がないということは、自分の傲慢な部分を払拭《ふっしょく》して、素直な誠の状態に心を戻すということなのです。

知識と経験を積み重ねて、信用と人脈と財力が少しずつでき上がっていって、社会的な実力となっていくわけです。発想とひらめきは、歳をとると鈍くなりますが、ただ無駄《むだ》に意味もなく歳をとるわけではありません。人間としても成熟して、社会的な実力をつけて、はじめて自分の理想や神なるものの御心《みこころ》を成就させることができるのです。

十年間を「修身斉家、治国平天下」のための修養《しゅうよう》期間にしたい、ということですが、今できない人間が後でできるわけはありません。己を修めるとは、「矜・燥・偏・急」を戒めることです。急いで良くなりたい、早く立派になりたいという心を抑えて、黙々《もくもく》と忍耐と努力と精進《しょうじん》の毎日を続けるということなのです。これが一番大変なことです。

目標を定め、発願をしたら、焦らず急がず、どんな劣悪な環境にあっても、それを神様の試練と受けとめることです。解決しなくてもいいのです。ただ忍耐することです。全部をぶち壊して、火をつけて自分も死にたいというような気持ちに襲われながらも、ひたすら耐えて道を貫くことです。それが、本当の男らしさだし、本当の勇気だし、本当の慈悲だし、本当の信仰心です。信仰心とは、貫き通す精神のことに他ならないのです。修養の成果とは、そこにあるのです。

人からボロクソに言われても、魯《ろ》のごとく愚《ぐ》のごとく、五年、十年と黙々と精進努力を続けていけば、必ず大輪の花を咲かすことができます。大いなる道を体得し、どんな事も成し遂げられるような人物になれます。それができた若者だけが大成《たいせい》するのです。

世の中なんか変だと思っているあなたへ

第4章

QUESTION 17

ラビン首相が暗殺されたとき神様は守っていなかったのか

世の中や人の役に立つ人は、神様や高級霊に守護されるといいますが、先日ラビン首相が暗殺されたときは、神様は守ってくださらなかったのかと残念に思います。古くは、坂本龍馬《りょうま》やキング牧師など、長生きしていればもっと人々のためになったと思われる人はたくさんいます。こういった人たちが短命で終わってしまう理由がよくわかりません。なにとぞ、ご指導お願いします。（M・Y／男）

A 短命に終わることが人々に感動を残す場合もある

深見

短命に終わってしまうという理由は、いくつかあります。暗殺という形で人生の幕《まく》を閉じる人というのは、前世で誰かを暗殺している場合が多いのです。今世では改心して、目標を持って世のため人のために仕事をするのですが、前世のカルマを解消するために、最後は暗殺という形で死ぬ場合もあります。また、一見立派な人生に見えても、立派になるプロセスでたくさん業《ごう》①を積んでいる場合は、晩年になって運が落ちた時期にいっぺんに返ってくるということもあります。

確かにラビン首相やキング牧師、あるいは坂本龍馬のように、大きな仕事をしている最中に突然命を絶《た》たれたら、本人は憤懣《ふんまん》やる方ないかもしれません。もっと生きて、世の中のために役立ちたいと思ったことでしょう。

しかし、短命に終わることはマイナスとは限らないのです。若い頃はよかったけれど、中年あたりから堕落していき、晩節《ばんせつ》を汚すということもあります。もう、そろそろこのあたりであの世に行ったほうがいいんじゃないの、ということもあ

ラビン首相（元イスラエル首相）

るのです。豊臣秀吉《とよとみひでよし》などは、秀頼《ひでより》が生まれる少し前に死んでいたら、もう少し美しい人生だったような気がします。

例えば、坂本龍馬が長寿を全うしていたら、どういう晩年を送ることになったでしょうか。確かに新しい世の中の役に立つ仕事をしたでしょうが、今でも多くの人の憧れとなっているような生き様を貫くことができたかどうかは分かりません。楠木正成《くすのきまさしげ》公が長生きをしたら、それなりにその時代で活躍したでしょうが、歴史の中の正成像は、現在とは違うものになっていたでしょう。源 義経《みなもとのよしつね》は三十数歳で亡くなりましたが、長寿を全うして鎌倉幕府《かまくらばくふ》に貢献していたら、歌舞伎《かぶき》や演劇やドラマの中に残ったでしょうか。

楠木正成にしても源義経にしても坂本龍馬にしても、長生きをしたら、確かにその時代の役に立ったかもしれませんが、ああいう死に方をしたがゆえに、人々に感動を残したのです。楠木正成は義のために自ら死を選んだからこそ、その誉《ほま》れが『太平記《たいへいき》』の中に書きとどめられたのです。源義経は、悲運の最期を遂げたが故に、歴史の読み物に残り、ドラマに残ったのです。短命で終わったことがより多くの影響を後世に残すこともあるし、長寿を全うすることで生涯に渡る人生の評価を下げてしまう場合もあるのです。

死んでも志は引き継がれる

天台宗《てんだいしゅう》②の開祖、伝教大師最澄《でんぎょうだいしさいちょう》は、比叡山《ひえいざん》③に大乗《だいじょう》仏教の僧侶になる資格を得られる戒壇《かいだん》④をつくるために南都六宗《なんとろくしゅう》⑤を敵に回して頑張りました。しかし、志《こころざし》半《なか》ばにして五十数歳で亡くなられ、結局、戒壇は空海《くうかい》が動いて、最澄の死後一週間たってから設立されました。おそらく、最澄の霊が空海に働きかけたのでしょう。

最澄の死後、天台宗を支えていったのは、最澄の弟子たちです。円仁《えんにん》、円珍《えんちん》、円澄《えんちょう》など、優秀な弟子がどんどん比叡山で育っていきました。師匠が志半ばで亡くなったからこそ、弟子たちが後を継いで頑張って教えを広めていったのです。

弘法大師《こうぼうだいし》空海は、六十二歳まで生きました。その当時としては長生きをした方です。十大弟子と呼ばれる弟子はいましたが、結局真言密教《しんごんみっきょう》⑥では、空海に匹敵するような人は出ていません。

近世では松下村塾《しょうかそんじゅく》の吉田松陰《しょういん》が、若くして亡くなり、世の中に大きな影響を与えた人物として挙げられます。吉田松陰は、三十歳で刑死《けいし》しました。生きている間は、自分の藩主に談判状《だんぱんじょう》を出そうとしたり、国外に脱出しようとしたりしましたが、結局自分の人生においては、何一つ成功しませんでした。松下村塾にしても実際に講義をしていた期間というのは、わずか一年半です。

しかし、その松陰の残していった言葉や足跡《そくせき》、学問の厚みは、多くの人に影響を与えました。伊藤博文《いとうひろぶみ》、久坂玄瑞《くさかげんずい》をはじめ幕末《ばくまつ》の志士《しし》たちが松陰の影響を受けて、維新《いしん》の立役者となっていきました。三十歳で刑死した松陰の志は、立派に受け継がれたのです。

ラビン首相もあのように亡くなられたことによって、後に残った者が平和を成就させるために頑張れば、その志は引き継がれたことになります。これはしばらく時間がたってみなければ分からないことなのです。

《用語解説》

①業《ごう》……カルマは一般に業《ごう》と訳されている。カルマとはまた、人間が背負《せお》わされている悪い宿命《しゅくめい》と解釈されているが、これは正しくない。前世で、他人を苦しめたり、悲しませた場合は悪いマイナスのカルマを負うが、逆に人々のために善根《ぜんこん》を施《ほどこ》した時は、善＝プラスのカルマとして引き継がれる。したがって、業に苦しむということがあるとすれば、善悪のカルマの差し引き勘定《かんじょう》をした結果、マイナスが残った場合なのである。

マイナスのカルマを負った人間は、どうすれば悪い宿命を断ち切ることができるのか？　カルマは自分でまいた種が成長したものだから、自分の手で刈り取らなければならない。刈り取るには二つの方法がある。ひとつはカルマと正面きって対決する方法である。もうひとつは、徳を積む＝プラスのカルマを増やすことによって、差し引き勘定をプラスにする方法である。

どちらがよい方法なのかは断言できないが、前者は消極的な方法であるのに対し、後者はより積極的であるということはいえよう。より詳しくは、『大除霊』、

『大天運』（深見東州著・たちばな出版刊）をご参照ください。

②天台宗《てんだいしゅう》……最澄《さいちょう》が興した現在の日本仏教の母体となる宗派。最澄は唐《とう》に渡り、天台教学《てんだいきょうがく》のほかに密教《みっきょう》、禅《ぜん》、戒《かい》の四宗を学んで帰国し、その四宗を融合《ゆうごう》した天台宗を興した。総本山は延暦寺《えんりゃくじ》。

③比叡山《ひえいざん》……延暦寺《えんりゃくじ》のこと。天台宗の総本山。最澄が創建した。長く日本仏教の中心として君臨《くんりん》し、親鸞《しんらん》、道元《どうげん》、日蓮《にちれん》など、現在の日本の代表的仏教宗派の開祖の多くはここで学んだ。所在地は滋賀県大津《おおつ》市。

④戒壇《かいだん》……授戒《じゅかい》（仏門に入るために戒律《かいりつ》を授《さず》けること）を行う場所。中国では三世紀半ばにはじめてつくられたと伝えられる。日本では、七五四年に中国僧鑑真《がんじん》が東大寺《とうだいじ》大仏殿前に築壇《ちくだん》したのが最初と言われる。その後、八二二年に、最澄《さいちょう》が生前から提唱《ていしょう》していた円頓戒《えんどんかい》を受けるための戒壇が築かれた。

⑤南都六宗《なんとろくしゅう》……奈良時代に南都（奈良）にあった六つの代表的な仏教宗派。三論宗《さんろんしゅう》、成実宗《じょうじつしゅう》、倶舎宗《くしゃしゅう》、華厳宗《けごんしゅう》、法相宗《ほっそうしゅう》、律宗《りっしゅう》。

⑥真言密教《しんごんみっきょう》……空海《くうかい》が唐《とう》に渡って授かった密教。空海は、仏教は大きく顕教《けんぎょう》と密教に分かれ、顕教は〝顕《あき》らかに説かれた教え〟で、広く一般の人々に、それぞれの能力

にあわせてお釈迦《しゃか》さまが説いた教えであり、密教は〝奥深い秘密の教え〟であると説いた。そして、顕教による成仏《じょうぶつ》の時間は極めて長いのに対し、密教によれば、この現生《げんしょう》に成仏できるとされている。

QUESTION 18

なぜ何の罪もないアザラシが苦しまなければならないのか

先日、バイカル湖のアザラシの悲しい現状をＮＨＫテレビで見ました。神様は人間のためにこの地球を用意していたといいますが、他の生命が人間のために辛い立場に追いこまれるのは、仕方ないと思うしかないのですか。もちろん、すぐに環境に配慮した行動が取れたら問題はないのですが、何の罪もないアザラシが苦しみを受けなくてはならないなんて不条理《ふじょうり》です。地球上において起こることだ

から仕方がないのですか。（T・Y／女）

A 不条理を乗り越えるところに人類の進歩発展がある

深見

自然のバランスが崩れると、生態系《せいたいけい》が変化して、地球上の生物に様々な影響を与えます。私たちの子孫が、

「昔はアザラシっていう変な動物がいたんだよね」

なんて話をするようになるのは寂しいことです。地球の環境を守っていくことはとても大切な課題です。

確かに、何の罪もないアザラシが苦しむのを見るのは辛いことです。しかし、苦しんでいる人間もいっぱいいます。ボスニア・ヘルツェゴビナの紛争では毎日人が死んでいるし、アフリカやインドでは、飢餓《きが》で死ぬ子どもたちもたくさんいます。薬害エイズで亡くなっていく人もいます。世の中に不条理なことはたくさんあります。

イギリス児童《じどう》白血病《はっけつびょう》基金《ききん》の創設者であるゴーマン氏は、自分の息子さんを小さいときに白血病で亡くし、その半年後に今度はお嬢さんをガンで亡くしました。ゴーマン氏が感じた不条理はどれほど大きかったことでしょう。

しかし、ゴーマン氏は、その悲しみから立ち上がり、自分の財産を投げ打って、白血病の子どもたちのための病棟を建てる運動をはじめたのです。この運動は、多くの人の賛同を得て、たくさんの寄付が寄せられました。また、いろいろな人が様々な催《もよお》し物でチャリティーを行いました。その結果、年間何百人という白血病の子ども達の命が救われるようになったのです。この基金には、フィル・コリンズやポール・ヤングなどのアーティストも名前を連ねています。私もフレンドとして、機会があるごとに寄付をしています。

世の中には不条理がたくさんあります。解決しなければならない問題というのは山ほどあります。問題は問題として、私たちは真剣にとらえなければなりません。人々の努力と情熱によって、一つひとつその不条理を解決していくところに、人類の進歩、文化の発展というのがあるのです。そういう不条理がなければ、誰が福祉を考え、文化の発展に情熱を燃やすでしょうか。それが神様の大御心《おおみこころ》なのです。

神様は全知全能《ぜんちぜんのう》の可能性を持っておられますが、いまだ全知全能を発揮されたことはありません。なぜならば、この三次元は、私たち人間が神様の代行者として、万物《ばんぶつ》の霊長《れいちょう》①として、神様の御心を成就する責任があるからです。だから、人間が頑張らなければ、この世の中はよくならないわけです。そのために私たちは生まれてきて、使命感を燃やして生きているのです。不条理を解決するために頑張っている人に、神様は、力と智恵と運と勇気を与えてくださるのです。

世の中に不条理はたくさんあります。それを見出したときには、その問題を解決するために行動しなければ本物ではありません。自分が切にそう思うのだったら、そのためにできることをはじめることです。それがアザラシでも構いません。あるいは、目の見えない人や耳の聞こえない人たちのために何かをすることでも、それぞれの場において、感じるものがあるならば、不条理を解決するために行動をすることです。

《用語解説》

①万物《ばんぶつ》の霊長《れいちょう》……霊妙不思議《れいみょうふしぎ》な力を持つ優れたものという意味。すなわち、人類のこと。

QUESTION 19

祈りによって災害は回避できるか

祈りによって災いが弭化《みか》される（大難が小難、小難が無難に奉りかえられる）ということについて質問があります。神様はそれなりのわけがあって自然災害を起こすと思うのですが、ごく一部の人が真心を込めてお祈りをしただけで、それを変更するなら、最初から起こそうなどと考えなければよいのではないでしょうか。その災害に巻き込まれた人は、それによって何かに気づき、理解しなければ

ならなかったことが分かるようになるのでしょうか。（東京都M・N／女）

A 災害は人類が生み出した劫《ごう》

深見

天災も人災も含めて、災劫《さいごう》というものは、神様が人間を裁くために起こすものではなく、人が自ら生み出したものなのです。

私たち一人ひとりには、みな劫《ごう》というものがあります。前世で積んだ劫や今まで生きてきた中で積んで来た劫というものを、私たちは生きていく中で解消していかなければなりません。それと同じように、人類全体が積み重ねてきた劫というものがあります。それが形となって現れたのが、自然気象の異変、戦争、社会の動乱、経済の危機などの災害なのです。つまり、自分たちが行ったことの結果を自分たちが引き受けるわけです。

しかし、神様は大愛《たいあい》の持ち主です。

例えば、子どもが何かの罪を犯した場合、その子のお母さんが、

「どうかお許しください。この子になりかわってお詫びいたします。バカな子どもを産んだのは私の責任でもあります。罰を受けるのはいたしかたありませんが、どうかお慈悲で最小限度にとどめてくださるようにお願いします」

と言えば、愛情のある人ならば、

「わかりました。本来ならばもっと重く罰せられなければならないところですが、あなたがそうおっしゃるなら、その気持ちに免じて軽くしてあげましょう」

と言うでしょう。

おまわりさんでも、交通違反をしたときなど、

「こういう事情がありまして」

と誠心誠意《せいしんせいい》事情を説明すれば、

「うん。まあいいでしょう。これから気をつけてください」

ということで許してもらえる場合もあります。

それはともかく、そういうわけで、神様も過ちを詫びて誠意を尽くせば、大難《だいなん》を小難《しょうなん》に小難を無難《ぶなん》に奉《まつ》りかえてくださるのです。これは人間関係と同じです。

なぜ許してくれるのかといえば、神様に愛があるからです。

死後の世界が気になるあなたへ

第5章

QUESTION 20

源義経はどんな霊界へ行ったか

源義経が悲運《ひうん》のうちに人生の幕を閉じざるを得なかったのは、やはりその生き方に多少まずい点があったからなのでしょう。しかし、それでも私は、彼の人生は立派だったと思います。義経の霊は、死んでからどのような霊界へ行ったのでしょうか。

（Y・N／二十四歳／男）

A 義経は豊臣秀吉に生まれ変わった

深見

　源義経が実力も才能も神通力も持っていながら、悲運の最期を遂げたのは、まだ若くて現実的な知恵がなかったからです。

　後白河法皇《ごしらかわほうおう》や都人《みやこびと》に煽《おだ》てられて、お兄さんの頼朝《よりとも》を差し置いて宮中から位《くらい》をもらってしまったことが、彼の運命を狂わせました。兄弟の順序礼節《じゅんじょれいせつ》ということを踏まえて、お兄さんを立てていれば、歴史はまた変わっていたでしょう。しかし、頼朝は身内《みうち》を殺していますから、遅かれ早かれ同じ運命だったのかもしれません。

　義経の霊は、死んでから三十年間は霊界で悶々としていましたが、その後猛烈な勢いで修業に励みました。そして、これは最近神様に教えてもらったのですが、その後何回か生まれ変わった後、豊臣秀吉になっているのです。

　義経のときは、源氏という身分のある家に生まれ、一族のために戦ったのですが、本当の力を発揮することができませんでした。今度は、全くゼロから実力だけで勝負するのだと決めて、裸一貫《はだかいっかん》から出発したわけです。そして、ご存じのように織田信長の家臣として出世を続け、天下を治めるまでになりました。しかし、それは長くは続きませんでした。

秀吉は何百人という女性と関係を持ちましたが、子どもができたのは淀君《よどぎみ》との間だけです。ですから、その子どもは本当は秀吉の子どもではないという説もあります。いずれにしても、秀頼ができた頃から秀吉の運が傾いてきたようです。

先日渡部昇一《わたなべしょういち》さんとお会いしたとき、秀吉のツキはいつから落ちたかという話になりました。渡部さんは、二条城で外国の使節を迎える花見の席を設けたとき、前日に雨が降って一晩で花が全部落ちてしまったのが、ツキの落ちはじめだとおっしゃっていました。

秀吉は天下を統一するという志《こころざし》は遂げることはできましたが、それを後継者に引き継がせることには失敗しました。おそらく、一代限りという神様との約束があったのでしょう。

QUESTION 21

来世また生まれ変わるには、今世どのような生活を送ればよいか

死んでも第二天国以上に行かないと来世に生まれ変わってこれないと聞きましたが、具体的にどのような生活を送っていけばよいのか教えてください。

（Ｆ・Ｅ／男）

A 上の霊界へ行けば希望するところに生まれ変わることができる

深見

これは大変な誤解です。

私たちが死んでから行く霊界は、おおまかに言えば、下から地獄界《じごくかい》、中有霊界《ちゅうゆうれいかい》、天国界《てんごくかい》の三層に分かれています。この世で、特に良いこと

も悪いこともしなかったという普通の人は中有霊界に行きます。天国に行けるのは、この世で善行《ぜんぎょう》を積んで、世のため人のために尽くした人です。天国は、上から第一天国、第二天国、第三天国の三層に分かれています。地獄もまた、おおまかに三層に分かれています。それぞれの霊界の実態については、私の『神界からの神通力』（たちばな出版刊）に詳しく書いてあります。

ただ、どの霊界からでも生まれ変わることはできるのです。第三天国からでも生まれ変われるし、中有霊界からでも生まれ変われるし、地獄界からでも生まれ変われます。しかし、どんな環境に生まれ変わるかというのはそれぞれ異なります。

これは会社の人事異動《じんじいどう》と同じだと考えていただいたら、分かりやすいと思います。会社の社長や人事課から、頑張って会社によく貢献をしたという評価を受けた人は、どこへ行きたいかを言えば、だいたい希望したところに行くことができます。これと同じように霊界の上のほうにいる人は、どんなところに生まれたいかという希望があれば、神様はそれを聞いてくださるわけです。

ところが、もっと優秀な人になると、

「希望も分かるけれども、君は会社の将来を背負って立つ人間だから、大変かもしれないけれど、一年間ドイツの支店へ行ってくれないか。その次はニューヨーク支店へ行って、それから大阪へ行ってくれ。大変だろうけど、それだけの経験を積んで、本社の取締役になってほしいんだ。希望もあるとは思うが、ここはひとつ、自分の将来に大きなビジョンを持って、まずドイツへ支店長で行ってきなさい」

と言われることもあるでしょう。

ドイツが好きではなくても、それが将来、重役や社長になるために必要ならば、勉強のために行かされることになるわけです。あるいは、財務関係のことが分からなければ、会社の経営はできませんから、一時的に経理のような部署に回されることもあるでしょう。その仕事があまり好きではなくても、会社から説得されれば、本人は理解し納得して、そこで頑張るわけです。

これと同じように、特に優秀な人というのは、本人の希望よりも神様の判断で生まれるところが決定される場合もあります。神様の御心に合うような使命をまっとうするために、生まれ変わってくるところが決められるのです。

逆にどうしようもないような社員もいます。出勤状態は悪い、業績は上がらない、協調性はない、本当は会社にいてほしくないというような人間が、

「私は本社の総務に行きたいんですが」

と言っても、

「総務に行きたい？　じゃあ、網走出張所の総務部に行って、北海道の天候と人間の労働意欲についてレポートを報告しなさい」

ということになるでしょう。

成績や勤務態度《きんむたいど》の良くない人間は、いくら希望を言っても聞いてもらえません。そこでずーっと頑張りたいと思っても、左遷《させん》されたり、命令で子会社の方へ行かされることもあります。

霊界でも、一般的に下の方に行けば行くほど、次に生まれ変わるところの条件は悪くなります。しかし、たとえ地獄に落ちても、本人が心から反省し、改心すれば、生まれ変わってくることはできます。改心というのは、心を改めると書きますが、ただ単に、気持ちを入れ替えただけでは改心とは言いません。口と心と行いが変わって、はじめて本当に改心したことになるのです。本当に改心したら、

神様が地獄にいる期間を短くしてくださって、生まれ変わって来ることができるのです。

一番上と一番下というのは、本人の希望通りのところに生まれ変わることができませんが、思い通りにいかない種類が違います。会社でいえば、一番下は左遷、一番上は栄転です。真ん中以上であれば、上に行けば行くほど願いを聞いてもらえます。そして、希望が聞いてもらえる代わりに、神様の方からも、じゃあこれだけのことをしてくださいね、と条件が出されます。それが、生まれて来るときに神様と交わした約束になるわけです。

神様のことを知りたいあなたへ

第6章

QUESTION 22

魚釣《さかなつ》りなど趣味のために殺生をしてもよいか

職業として、魚釣り、漁業などをするのは構わないのですが、趣味で魚を釣って食べるのは良くないと聞いています。本人や家族が奇病《きびょう》になる場合も少なくないといいます。私も同様に考えています。私にはもちろん魚釣りの趣味はありません。自分の楽しみのために殺生をするのは良くないのではないでしょうか。解説をお願いいたします。

（H・M／三十四歳／男）

A 命が生きれば殺生にならない

深見

魚釣りが駄目《だめ》だとすると、趣味として山菜を採るのもいけないのでしょうか。葡萄《ぶどう》狩りに行ったり、イチゴ摘《つ》みに行くのも良くないのでしょうか。職業として畑仕事をするのはいいけれど、家庭菜園で野菜をつくって食べている家族には奇病《きびょう》が発生するのでしょうか。

植物なら良くて、魚は駄目ということはありません。確かに魚は釣られると、「残念だー」と言っています。大きい魚は「きわめて残念だー」と言っています。これは私が他心通《たしんつう》（相手の心を読み取る神通力）で聞いた声です。

でも、植物にだって心はあるのです。北海道のレストランに行ったとき、テーブルの上にカーネーションが活《い》けてありました。ちょっと声をかけてみると、

「私はバラ科の植物で…」

と自己紹介をはじめました。

そのとたんに周囲の雰囲気がパッと明るくなったのです。

「何のために咲くんですか」

と聞くと、

「みんなに、綺麗な花ってほめてもらえるわ。それが幸せなんです」

と赤いカーネーションは答えました。

ピンクのカーネーションは、

「ピンクって、本当は自分じゃあまり気にいっていないんです」

と言っていました。

本当は白がよかったということです。

「いや、ピンクはいいですよ。素晴らしいです。綺麗ですよ」

と言うと、ウフフと笑って、

「私はあと三日の命なんです。でも生きててよかった」

と言っていました。

花にも果物にも心はあります。趣味として育てている盆栽にも木霊《もくれい》が宿っています。生きている物すべてに、霊体があるのです。ですから、植物なら許されて、魚や動物は駄目だということはないのです。

どんな生き物にも霊があることを知った上で、よくそのわけを説明すれば、その霊は納得《なっとく》します。すると、死んでもその「命」は生きるのです。命を無駄にせずに生かすことができれば、神道では殺生ではありません。

ですから私は釣りをするときでも、

「一柱《ひとはしら》も漏《も》れ落つ事なく、おいしく料理して戴きますから」

と神様に理由をよく説明して魚を釣らせてもらいます。

そして、釣れた魚は、お刺身や焼き魚や煮付けにして、とにかくすべていただきます。そうすることによって、魚の命は生きるのです。よく釣れたときは、周囲の人たちにお裾分《すそわ》けをしたりします。

神様に許可された分しか釣れない

先日、トカラ列島というところへ釣りに行きました。東京から鹿児島まで飛行機で行って、鹿児島から奄美大島までまた飛行機に乗って、そこからさらに船で五時間かかります。一週間に一回しか定期便が来ないという秘境《ひきょう》のようなところです。そこに、天秤座《てんびんざ》の神様が降りていらっしゃったのです。

釣りをする場合は、必ずその水域の神様に許可をいただきます。

そこでは大変良く釣れました。百三十センチ、三十七キロと百二十センチ、二十六キロのカッポレという大物の魚二尾をはじめ、全部で十六尾も釣れたのです。ところが、もっと釣ろうと思ったら、船のクレーンにカーンと向こう脛《ずね》をぶつけてしまいました。他の人も糸が途中で切れたり、リフトが絡まったり、ちょうどエサがなくなったりして、時間はまだたっぷりあるのに、あるタイミングからピタッと釣れなくなってしまったのです。結局、神様に許された分だけしか釣ることはできないのです。それ以上釣ると殺生《せつしょう》になるというところで、神様は釣れなくさせてしまうのです。釣った魚は氷詰《こおりづめ》にして東京に送り、師匠の植松先生に献上して、みんなでおいしくいただきました。

私たちのお腹の中に入って、魚は血となり肉となり、その命は生かされるのです。これは職業だろうと趣味だろうと関係ありません。職業としてやっている場合でも、そういう気持ちを持たない場合は、奇病が出ることもあります。そこのところをちゃんと分かって供養《くよう》①しているところは、それほど問題は起きません。

ただ、たたる力の強いものと弱いものというのはあります。植物と魚はあまり強くありません。動物でも、豚や牛は覚悟して生まれてきたようなところがありますから、それほど心配はありません。怖いのは鳥です。小さいときに鳥を殺した人は、胃潰瘍《いかいよう》になったり、十二指腸潰瘍《じゅうにしちょうかいよう》になったりする場合があります。

木霊も強くたたることがあります。職業であろうとなかろうと、特に木霊の場合は所有者に強く影響が出ます。木をバサリバサリと伐《き》った人や、そういうご先祖がいる人は、脳溢血《のういっけつ》や脳血栓《のうけっせん》で倒れる場合があります。松とか杉の場合は長男がやられます。花が咲いたり実がなる桃や柿などを無造作に伐ると、子宮筋腫《しきゅうきんしゅ》や婦人病などの形で家族や子孫の女性に表れます。その他、関節炎や皮膚炎、リューマチなども木霊のたたりである場合がほとんどです。

自然と共存して生きるということ

人間は万物《ばんぶつ》の霊長《れいちょう》です。この大自然の動物、植物は皆、人間のために神様がお創りになったものです。自然界のために人間があるのではありません。最近、自然環境の汚染や環境破壊が問題になっていますが、それは我々の子孫のために、神様が与えてくださった自然を長く保たなければならないからです。

自殺願望を持った魚や鳥や動物というのはいません。みんな精一杯生きていこうとしています。だからこそ生命が維持されているのです。

植物も魚も鳥も動物も、人間が採って食べたり、生活の中に生かすのであれば、神様はお喜びになります。これが神道の基本的な考え方です。無益な殺生《せっしょう》は確かによくありませんが、それが趣味であるか職業であるかは関係ありません。すべての生き物の中にある霊的な存在にキチンと断って、命を生かせばそれでいいのです。

キリスト教、ユダヤ教、イスラム教では、神と人間、人間と自然、自然と神の関係を対立するものとしてとらえます。神と人間は創造主《そうぞうしゅ》と被創造物《ひそうぞうぶつ》の関係であり、人間は厳しい自然に負けないで、切り開いていくというのが、自然に対する基本的な考え方です。自然と神との関係も対立的です。

これに対して、神道の場合は、神と人間、人間と自然、自然と神の関係は融合《ゆうごう》しています。人間は祖先から生まれてきたわけですが、その祖先は神から生まれてきたというのが神道の考え方です。人間と自然も互いを生かし合う関係で、神と自然の関係も、美しい自然の中に神なるものが宿るという形で共生しています。神道だけではなく、古代の宗教では皆このように考えてきました。

　キリスト教でも、カソリックの中には多神教的要素が残っています。精霊《せいれい》②がいたり、エンゼルのようなご眷属《けんぞく》③もたくさん出てきます。神様の子どもを産んだマリア様も崇拝の対象になっています。

　キリスト教の素晴らしいところは、愛ということの大切さを明確に打ち出した点にあります。人類愛というものをあれほど徹底的に説いた宗教は他にはありません。私の友達のカソリックの人たちは、霊的なるもの、神秘的なものにたいする尊敬の念を持っています。神道のこともよく理解して、伊勢神宮《いせじんぐう》④にお参りしたり、善光寺《ぜんこうじ》⑤にもお参りしたりしています。

　日本の神道では、神様は人間と共存して、お互い生かしあっています。自然と人間も生かしあっています。自然は神様が人間を生かすために創《つく》ったものですから、必要なものについては感謝しながら活用していけばいいのです。ただ、私たちの子孫が代々自然とともに生きていけるように環境を守っていかなくてはならないわけです。

《用語解説》

①**供養**《くよう》……三宝《さんぽう》（仏《ぶつ》・法《ぽう》・僧《そう》）や死者の霊に、花や香などの諸物を供えて、尊敬をもって、ねんごろにもてなすこと。慣習や習俗によりさまざまな供養の方法がある。死者の冥福《めいふく》を祈る「追善供養《ついぜんくよう》」、そのために卒塔婆《そとば》を立てる「塔婆供養《とばくよう》」、餓鬼《がき》に食物を施す「施餓鬼供養《せがきくよう》」など。

②**精霊**《せいれい》……広義では、霊的存在または超自然的存在一般のこと。精霊はあらゆる生物、無生物（人工物、自然物）に宿り、あるいは空中を浮遊しているような、目に見えない人格的存在と見なされることが多い。

③**眷属**《けんぞく》……つき従《したが》う者の意。神道では諸神の使者という意味で用いられる。正神界の代表的なものとしては、龍や天狗《てんぐ》、蛇などがあげられる。

④**伊勢神宮**《いせじんぐう》……皇大神宮《こうたいじんぐう》（内宮《ないくう》）と豊受大神宮《とようけだいじんぐう》（外宮《げくう》）の総称を言う。皇大神宮の祭神は天照大御神《あまてらすおおみかみ》。三世紀後半、垂仁《すいにん》天皇の時代に宮中に祀られていた天照大御神をこの地に鎮座《ちんざ》させた。豊受大神宮の祭神は豊受大御神《とようけおおみかみ》。内宮鎮座《ちんざ》の約五百年後に丹羽国《たんばのくに》（現在の京都）から迎えられた。現在も豊かな自然に包まれて、神道の聖

地として、国民的信仰の中心的存在である。所在地は三重県伊勢市。

⑤善光寺《ぜんこうじ》……天台宗《てんだいしゅう》と浄土宗《じょうどしゅう》が管理する単立宗教法人の寺院。本尊《ほんぞん》は五五二年に百済《くだら》から渡来《とらい》した阿弥陀三尊仏《あみださんぞんぶつ》。「牛に引かれて善光寺参り」との説話もあるように、古くから国民の信仰を集め、本尊は、武田、織田、豊臣、徳川などの戦国大名が各地への遷座《せんざ》を繰り返したこともある。所在地は長野県長野市。

QUESTION 23

神棚の榊《さかき》①は毎月一日《ついたち》に必ず取り替《か》えたほうがいいか

神棚の榊は、毎月一日には、必ず新しいものと取り替えたほうがよいのでしょうか。地方の神主さんの話ですと、毎日水を替えて、枯れなければそれでよいということです。

（S・T／女）

A 神事には絶対的な決まりはない

月に一回、榊《さかき》を替えることが望ましいだけであって、替えなくても別に神様が怒って、たたりを及ぼすというわけではありません。月に一回榊を替えるのは、清々しさを保つためなのです。

深見

神様ごとには、本来こうしなければいけない、というようなことはありません。例えば、神社にお参りするときに、二礼二拍手一拝をするのは、神様がそれを強要しているからではなく、神社によっては二礼四拍手一拝というところもあります。これは、ストリップ劇場で客の拍手の多い方に踊り子が喜んで近づくように、真心のこもった相手のあるところへ、ご神霊も近づくためです。また、二礼二拍手一拝はご神霊への礼を尽くすご挨拶であり、来てくださいとお願いしている、踊り子への歓迎の拍手のようなものだと思ってください。また、こんなに挨拶として短いのは、参拝に来た後ろのほうの人たちが混まないためでもありましょう。神様に本当に願いが通じるように、極《きわ》まるまでみんながお祈りをしたのでは、初《はつ》詣《もうで》のときなどは神社が混雑してしまいます。約束事には、それなりの理由があるのです。

ですから、別に毎日水を替えなくても、二日に一回でも三日に一回でも、枯《か》れないように水を替えればそれでいいのです。ただ、毎月一日とか十五日というのは、長い間みんなが、その日はお祭りをする日と決めてお祈りをしていますから、神様のほうもその気になって待っておられます。そういう霊界ができていますから、一日に替えたほうがベターだということであって、絶対ではありません。

《用語解説》

①**榊《さかき》**……神事《しんじ》に用いる常緑樹《じょうりょくじゅ》の総称。『古事記《こじき》』の天照大御神《あまてらすおおみかみ》の岩戸隠《いわとかく》れの段に、「天《あめの》香山《かぐやま》の五百津真賢木《いおつまさかき》を根こじにこじて…」とあるように、古くから神事に用いられていた。

QUESTION 24

神社のお札《ふだ》がいくつも部屋にあるが

ある神道についての本に、神社のお札はいくつも置いてはいけないと書いてありました。神気が交錯《こうさく》してしまい、また神様にも失礼になるのだそうです。違う本にも同様のことが書いてありました。私の部屋には、皇大神御社《すめらおおかみおんやしろ》（静岡県伊豆の国市）をはじめ、伊勢、住吉《すみよし》①、諏訪、三輪《みわ》②、それに産土《うぶすな》にあたる松戸神社と、お札が六つあります。本当のところはどうなのでしょう。最近気になっています。

（M・Y／男）

A　神棚の正しい祭り方

全然関係ありません。私などは四十枚くらいお札を並べています。どなたが書いた本かは存じませんが、その方はどれだけ神様と交流していらっしゃるのでしょう。神気が交錯することのどこが悪いのでしょうか。

深見

神道は多神教ですから、最高の神様はいらっしゃっても、絶対の神というのはいません。この事柄に関してはこの神様、あの事柄に関してはあの神様と、それぞれ個性を認めあいながら長所を生かしあっているのが日本の神様です。ですから、お札を何枚並べても全く構わないのです。ただ、お稲荷《いなり》③さんとか、龍《りゅう》④や蛇《へび》⑤、天狗《てんぐ》⑥などのご眷属《けんぞく》の場合は、そういうことをうるさく言うこともありますが、主宰神になると神様ですから、全然そういうことはおっしゃいません。

神社はお札を貰うために行くところではありません。神社に行って、神様に感謝し、真心をこめて誠を捧げれば、それでお参りは完成しているのです。お札というのは、御神体《ごしんたい》ではありません。ご神気のお裾分けをお土産《みやげ》にいただくようなものです。ご神気は少しずつフェイドアウトしていって、一年ぐらいしたらただの板に少しだけ神気が残っているという程度のものになっていきます。ですから、だいたい一年たったら、お札はお返しして、新しいものに取り替えるというのが原則です。

さて、六カ所の神社にお参りをしてお札をいただいてきたら、どうしたらいいでしょう。あわせて置くのがいけないなら、家の中に神棚《かみだな》を六つ造らなければならないことになります。一年に十カ所も二十カ所も行ったら、家中が神棚だらけになってしまいますね。常識で考えてもそんなことは不可能です。

正しい神棚の祭り方は、まず真ん中に天照大御神様《あまてらすおおみかみさま》⑦のお札を置きます。天照大御神様は何と言っても日本の正神界《せいしんかい》の中心にいらっしゃる神様ですから、真ん中です。向かって右、神様から見て左には、一の宮を置きます。一の宮のお札がない場合は、近くの産土様のお札を置きます。そして、向かって左、神様から見て右側に、自分が行ったいろいろな神社のお札を並べていけばいいのです。

もし、それでも気になるようでしたら、

「本当ならば一つひとつお供えしたほうがよいのでしょうが、神棚が狭《せま》いもので、どうか神様、ご了承ください」

とお断りしておけばよいでしょう。

「失礼なことをするな！」

と言って怒り出すような狭量《きょうりょう》な神様は、正神界にはいらっしゃいません。

それでもお札の扱いには気をつけよう

ただ、こんなこともありました。今から十五年ほど前のことですが、私のところのスタッフが厳島《いつくしま》⑧神社に参拝に行って、もらってきたお札を居間の棚の上に置いておいたのです。私はそのことを知らなかったのですが、次の日、朝からずーっと頭が痛いのです。原因不明の頭痛が一日中続きました。そうして、ずいぶん時間がたってから、お札が置いてあるのに気づいたのです。その瞬間に、また割れるように頭がグアーンと痛くなりました。

それで、

「あっ、怒っているんだ」

と分かって、二礼二拍手して、お札を御神前に移しました。そして、

「大変失礼いたしました。どうぞ、ここでお守りください」

と言ったら、頭の痛いのがスパーッと消えたのです。

厳島神社は弁天様《べんてんさま》⑨ですが、そのお札に入っていたのは、ご眷属の白蛇《しろへび》でした。白龍《はくりゅう》と白蛇の間くらいの白金色の龍蛇《りゅうだ》です。

そういうこともありますので、ちゃんとお参りをしてもらってきたお札でも、品物のように扱うとやはり失礼になります。キチンとお断りをして並べれば大丈夫です。

いろいろと事情がありますから、たとえ神棚がなくても、

「神棚はございませんが、ここに立て掛けさせていただきますので、よろしくお守りください」

と言えば、納得してくださいます。

敬《うやま》う心があるのなら、キチンと言葉にしてお断りすることが大事です。

《用語解説》

①**住吉《すみよし》（大社《たいしゃ》）**……住吉大神（底筒男命《そこづつおのみこと》、中筒男命《なかづつおのみこと》、表筒男命《うわづつおのみこと》の三神）は、神道上、もっとも重要視される「禊《みそ》ぎ」や「祓《はら》い」をご神格《しんかく》としてお生まれになった神様で、数々のご神託《しんたく》を下されるなど、常に歴代天皇の近くにあって、国家の経営を助けられた。

住吉大神のご神徳《しんとく》はあらゆる面におよぶが、中でも特筆《とくひつ》すべきは、大志を抱いた人の物事を強烈な力で推し進めるご神力とご威勢《いせい》があること。所在地は大阪市住吉区。

②**三輪《みわ》（明神《みょうじん》）**……奈良県桜井市にある美しい円錐形《えんすいけい》の三輪山《みわやま》をご神体とする大神神社《おおみわじんじゃ》の祭神。そのご神徳は、第一にもめごとやトラブルの解決。第二は、悪霊、邪霊などの「もののけ」を封じ込めてくださること。第三は、資金繰りに絶大な力をお貸しくださること。詳しくは深見東州著『全国の開運神社案内』、『神社で奇跡の開運』をご参照ください。

③**お稲荷《いなり》さん**……稲荷狐《いなりぎつね》の意。本来、稲荷狐は、五穀豊穰《ごこくほうじょう》をつかさどる神様の使者であ

ったが、人間の心に邪念《じゃねん》が多いため、本来の使命を忘れて人間に悪さをする〝ハグレ狐《ぎつね》〟と化してしまったのである。そうした〝ハグレ狐〟でも、信仰している間は、商売繁盛《しょうばいはんじょう》、家内安全《かないあんぜん》などの現世利益《げんせりやく》をもたらしてくれるが、崇敬《すうけい》しなくなるとたちまち仕返しをして無一文《むいちもん》にまで追いやり、ひどい場合は七代たたるとも言われている。

また、死んで霊界に行った人間霊《にんげんれい》が狐の姿になっているものも多い。現世利益だけを求めて稲荷信仰《いなりしんこう》をしていると、死後、狐の姿になってしまうのである。これが先祖霊稲荷《せんぞれいいなり》である。そしてこの先祖霊稲荷は子孫《しそん》たちに憑《つ》いて霊流《れいりゅう》を送るので、その子孫たちも狐のような性格を形成しやすくなる。ご先祖の中に、生前、稲荷信仰をしていた人があれば、人霊狐《じんれいぎつね》になっている可能性がある。

④龍《りゅう》……龍神のこと。龍神は実に多種多様であって、決して一辺倒《いっぺんとう》に考えてはならない。色で分けても白龍、金龍、銀龍、青《せい》龍、紅《こう》龍、緑《りょく》龍、紫雲《しうん》龍など千差万別《せんさばんべつ》。役割も出所も千差万別。ただし、すべての龍神は真の神や神霊ではなく、神霊の化《け》身《しん》であったり、乗り物であったり、眷属《けんぞく》であったり、神使《しんし》であったりする。

⑤蛇《へび》……蛇の霊が憑くと〝夢のお告げ〟を受けるようになる。ある瞬間にパッと見えたと

いうのではなく、白日夢《はくじつむ》のように常に見えているという人は、蛇が憑いている場合が多い。

霊界における蛇は、一般の人が考えているほど単純なものではなく、その種類も狐や狸にくらべてはるかに多く、①動物の蛇、②人霊怨念霊《じんれいおんねんれい》蛇、③人霊怨念合体蛇、④生霊《いきりょう》怨念《おんねん》蛇、⑤生霊強烈慕情《ぼじょう》蛇、⑥先祖霊《せんぞれい》蛇、⑦神罰《しんばつ》の蛇、⑧仏罰《ぶつばつ》の蛇、⑨水蛇《すいだ》、⑩海蛇《うみへび》、⑪ヨガ蛇、⑫白魔術系の白金猛蛇、⑬黒魔術系の黒猛蛇、⑭本人の情欲《じょうよく》過剰《かじょう》蛇――の十四種類がある（①は動物霊、②～⑥は人霊が蛇の姿になっているもの、⑦⑧は人霊ではなく、神の眷属《けんぞく》としての蛇、⑨～⑭は実際に霊界にいる特殊な蛇）。これら十四種の蛇は、霊界ではみな同じ姿をしているので、外見だけで判断すると失敗する。霊視《れいし》だけをする霊能者は、特に危険である。

一般的特徴としては、①進歩向上しない、②絶えず低いところ低いところへ逃れようとする、③苦難《くなん》に遭遇《そうぐう》すると、精進努力してそれを乗り越えようとするのではなく、横にヌルリと逃れようとする、④ネクラで、悪いほうへ悪いほうへと考える、⑤性格が陰湿《いんしつ》でいつもグチを言う、などがあげられる。（神通力や動物

霊などについて詳しく知りたい方は、深見東州著『神界からの神通力』（たちばな出版刊）をご参照ください）

⑥**天狗**《てんぐ》……天狗は想像上の怪物《かいぶつ》とされるが、実際に存在している。修験道《しゅげんどう》や山岳信仰《さんがくしんこう》をする人々とは密接な関係がある。天狗がつくと、あらゆる神通力《じんつうりき》に秀でて、薬草《やくそう》を見つけることができたり、空中に高く飛び上がることができたり、念力が強力になったりする。

しかし、龍神同様、あくまでご神霊の眷属《けんぞく》（使者）であって本当の神様ではない。また、天狗がつくと、高慢《こうまん》になったり（天狗になる）、うぬぼれが強くなるという落とし穴があるので要注意。また、人霊が天狗に化けていることも多い。木霊《もくれい》の化身の天狗もいる。

⑦**天照大御神**《あまてらすおおみかみ》……伊邪那岐《いざなぎ》、伊邪那美《いざなみ》二神《にしん》の間に生まれた三貴子《さんきし》の第一子で、太陽の神、皇室《こうしつ》の始祖《しそ》とされる。

⑧**厳島神社**《いつくしまじんじゃ》……祭神は市杵島姫命《いちきしまひめのみこと》、田心姫命《たごりひめのみこと》、湍津姫命《たぎつひめのみこと》の三神。推古《すいこ》天皇の時代に創建された。商売繁盛の守護神《しゅごしん》として信仰されている。日本三景のひとつ「安芸《あき》の宮島《みやじま》」としても知られる景勝地にある。所在地は広島県廿日市市宮島町。

⑨**弁天**《べんてん》……弁才天《べんざいてん》の略。弁舌と才能を伸ばして出世と名声を司る神様。また、弁財天《べんざいてん》とも記され、財福神とも言われる。仏教に取り入れられてからは、吉祥天《きっしょうてん》と並んで多くの信仰を集めている。七福神《しちふくじん》のひとりでもある。

QUESTION 25

神様に願いが通じる祈り方のコツ

お祈りを長時間できません。愛と真心が大切だということは分かっているのですが、いざお祈りをしてみると、ほんの数分しかできません。神様は全部分かってくれているはずだと思ってしまうのです。ですから、例えば住吉大社に行って日本の国のことをお祈りしたら、次に熊野大社に行ったときは、「前に住吉様にお願いしたようにお願いします」といった具合になってしまいます。どうしたら、

キチンとお祈りできるようになりますか。（Y・Y／二十一歳／男）

A 神様はあなたに注目していない

深見

不精《ぶしょう》してはいけません。でも私も昔はこうでした。あるとき、伊勢神宮でみっちりとお祈りをして、それからしばらくして、また、別の神社に行って、

「この間、伊勢神宮でお祈りしたアレをよろしくお願いします」

とお祈りしたことがあります。

ところが、神様は、

「はあ?」

とおっしゃるのです。

神様だから何でもご存じかと思ったのですが、そうではないのです。神様もお忙しいのです。

例えば、私も、

「先生はすごい超能力者、霊能者ですから、もう、私の気持ちもご理解いただいてると思うのですが…」

と、いきなり書き出している手紙をいただくことがありますが、そんなことは知るはずがありません。接心や問答のときなどは、その人に関心を持って、気を向けるから相手のことが分かるわけです。超能力や霊能力というのは、その事柄に意識を向けることが必要なのです。もし、私がふだんからすべてのことが分かるのなら、お茶漬けを食べていても、関西の○○さんと××さんがキスをしているところや、北海道の△△さんが仕事をサボってパチンコをしているところが、全部見えてしまいます。道を歩きながら、何百人、何千人もの人たちの様子をいちいち見ていたら、車にぶつかってしまいます。そんな暇があるのなら、日本の国のこととか、政治のこととか、お祈りしなければならないことは一杯あります。

神社の神様も、いつもすべての人の心の中を細かく注意して見ていらっしゃるわけではありません。神様にも神様の生活というものがあるのです。いろいろ忙しいので、ふだんは、ご眷属を使って報告だけを聞いているのです。報告を受けても、たいしたことがないと思えば、あまり気にかけてくださいません。神社の神様は、それほどあなたのことを見ていらっしゃらないのです。だからこそ、強く発願《ほつがん》をして、祈り込む必要があるわけです。

もちろん、宇宙の創造神である⦿《す》の神様は全知《ぜんち》全能《ぜんのう》の神様ですから、すべてをご存じです。しかし、無限絶対の⦿《す》の神様というのは、お祈りをしても、あまり細かなことに力を貸してはくださいません。すべてをご存じですが、宇宙を動かすのに忙しいのです。

何でも絶対者が出てきて処理をするなら、日本中にたくさんある神社の神様はやることがなくなってしまいます。菩薩《ぼさつ》①も如来《にょらい》②も明王《みょうおう》もエンゼルもいりません。龍も天狗も必要ないでしょう。絶対者はあまり表面には出ないで、現場のことは現場に任せていらっしゃるのです。それぞれの神様が、お互いの長所を生かしながら仲良くやっていくというのが、多神教の原則なのです。

神様にも人格がある

もう少し詳しく説明すると、神様にも人格のようなものがあるのです。「格」という字は「いたる」とも読みます。性格の「性」は、りっしんべん（心）に生まれるですから、生まれながらの心がいたったのが性格です。人格とは霊がいたったものです。ですから、私たち一人ひとりに個人のパーソナリティがあるように、浮遊霊や地縛霊《じばくれい》③にも人格があります。

神様の場合は、神格《しんかく》といいます。神格とは、神様の格式だと考えてもいいのですが、神様も人間と同じように人格を持っているのだと思っていただいたほうが分かりやすいでしょう。

神様にも神格がありますから、神様にお祈りするというのは、基本的に人に対して何かを言うのと同じことなのです。人と会って話をするときに、

「この間、あの人に話したのと同じだから、そういうことで」

と言ったら、相手はどう思うでしょうか。

「前に別の女の子に言ったんだけどさ、『好き』って。それと同じだから」

と女の子に言ったら殴《なぐ》られます。

神様ですから殴りはしませんが、階段で転ぶかもしれません（笑）。

日本では古来から、「人は祖《そ》に基《もと》づき、祖は神に基づく」と言われてきました。つまり、神様は私たちの先祖の先祖なのです。ですから、孫がおじいちゃんにお話しするように、親しみをこめて接することです。

これは外来思想である仏教には本来なかった考え方です。仏教は、あくまで自分自身の内側を見て、見性《けんしょう》し、悟りを開いていくものです。つまり、個人の「命」の救済を目的としたものです。これに対して神道では、「命」というものを、親から子へと子々孫々に受け継がれるところが尊いものと考えます。ですから、「命」の救済という場合も、連綿《れんめん》と子々孫々まで継承されていく命を救うと考えます。それが同時に、祖先から親へと、受け継がれてきたものを大切にする心を芽生えさせます。お盆というのも、もともと仏教が入って来る以前に、古くから先祖祭りとして行われていたものです。その習慣をうまく取り込むことで、仏教は日本に根づいていったのだということができます。

お祈りは具体的に情感を込めて

神社の神様は、神格を持った私たちのご先祖様です。要するに、親戚、身内、一族郎党《ろうとう》です。ですから、親戚の家に遊びに行くように気軽に何度も訪ねて行って、顔を覚えてもらうということが大切です。

すると、ご眷属の龍や蛇が見ていて、後で神様に、

「また、この間の人が来てましたよ。お賽銭《さいせん》少なかったけど」

なんて報告してくれます。

でも、そのとき、ちゃんとお祈りをしていなかったら、

「それで、何と言ってた？」

「いや、この間、別の神様にお願いしたのと一緒だということで」

「何だそれは？」

「さあ、なんでしょう。『神様だから、もうご存じでしょう』って言ってましたよ」

「わしゃ、それほど暇《ひま》じゃない」

ということになってしまいます。

神様も忙しいですから、前のお祈りの内容を聞くために、他の神社の神様にいちいち電話をかけたりしてくれません。やはり、直接お話しするのが礼儀というものでしょう。それも熱意を込めて話すことが大事です。人に動いてもらうためには、相手を感動させる必要があります。これは人間も神様も同じことです。あるいは、守護霊も如来も菩薩も蛇でも龍神でも同じことです。

だから、発願をしたり、お百度を踏んだり、お賽銭を捧げたりする必要があるのです。

「神様、なにとぞ、この願いをかなえてください」

と強い祈りのエネルギーを送ると、神様のほうから見ると、ボーンとあなたの顔が浮かんで来ます。二十一日祈願をすれば、だいたい十五日から十九日目あたりでそうなります。

神様だからご存じだろう、などと思わないで、とにかく人に話をするように、病気だったら病状も含めて、なるべく具体的に話してください。

「私は、こういう父と母の間に生まれたのですが……。だけども、だけども……、三カ月前に父が病で倒れまして……」

途切れ途切れでもいいのです。情感を込めて話すことが大事です。お芝居でも、素晴らしい俳優というのは、ドラマがクライマックスにさしかかると、ポロポロと涙を流します。役作りに没入すると、そこまで感情を高めることができるのです。すると、見ているほうにも感動が伝わって観客の涙を誘うわけです。お祈りでも同じことです。いかにして、神様を感動させるかが勝負です。

それには、まず自分が情感を極めることです。神様に言うというより、自分の魂と感性に言って聞かせるように祈ることです。真心《まごころ》が震《ふる》えてくると、その波動が神様にバーンと通ります。すると、胸がホッとしたような気持ちになります。そうなるまで祈り続けてください。何時間祈っても情感が盛り上がらなければ駄目です。

誠がなければ神様は動かない

人間でも自分のことをよく知っていてくれれば、嬉しいものです。例えば、誕生日を覚えていてくれたというだけで、その人に対して親しみを覚えます。神様も神格をもっていらっしゃいますから、これも同じことです。ですから、神社にお参りに行くときには、そこにいらっしゃる神様がどんな神格やお働きをお持ちなのか、ある程度下調べをしておいて、うまくお祈りの中に折り込むようにすると効果的です。

例えば、住吉さんに行ってお祈りするときは、

「言霊《ことたま》④の偉大なる働きを持たれる住吉の神」

と言えば、

「うーん、分かってるじゃないの。それで願いは？」

ということになります。

「その言霊をもってすれば、天地《あめつち》も動かすばかりの神とお聞きしています」

「うんうん」

「勅撰和歌集《ちよくせんわかしゆう》にも残っておりますように、何百年、何千年の昔から、歌詠《うたよ》み人が住吉の大神様の前で願いをかけたと聞いております」

「そ、そこまで知ってくれてるの？　お願いは何なの。言いなさいよ、言いなさ

いよ」

「いや、願いごとはともかく、もう少し言わせてください。神功皇后《じんぐうこうごう》のもとに何回もお出ましになって、三韓出兵《さんかんしゅっぺい》のおりに津波を起こされたのも、住吉の大神様だと聞いております」

「いやあ、よく知ってるね。私のところにお参りに来る人は多いけど、そんなことまで知っていてくれたのは、あんたで二十五人目くらいだね。もう、お賽銭なんて三十円でいいから。うん、言いなさい、言いなさい」

と、こんな具合です。

冗談のように思えるかもしれませんが、これが神霊界の実情なのです。神様がずっと親しみやすくなったと思いませんか。

もちろん、これは挨拶《あいさつ》のようなものですから、その後のお願いが本当に真心と情感がこもったものであることが大切なのは、先程説明したとおりです。そのようにしてお願いをすれば、神様はあなたに注目してくれます。しかし、それだけで神様に動いていただけるわけではありません。

本当に神様に動いていただくためには、「誠《まこと》」が必要なのです。誠とは、言ったことが成ると書きます。つまり、口に出して言ったことと、心と行いとが一致していることが必要なのです。あなたの真心が、どのような行動になって表れるかを、神様はじっと見ているのです。そして、本当に口と心と行いが一致したときに、神様ははじめてドーンと動いてくださいます。自らが先頭に立ち、ご眷属も総動員して、それでも足りなければ、他の神様も応援に呼んでくれます。神様にそれだけ動いていただくためには、やはり愛と真心に貫かれた、神様に感動を与えるような生き方をしなければならないのです。

《用語解説》

①**菩薩**《ぼさつ》……「心の道を極め、心が極まる」ことを菩薩といい、心が極まった境地を指す。菩薩のような人とは、そういう境涯、そういう気持ちで生きている人のことをいう。

②**如来**《にょらい》……如来とは、菩薩の境地が全く揺るぎない状態のことであり、悟った位のことで

ある。

③**地縛霊**《じばくれい》……この世に未練《みれん》を残して死ぬ霊は、念を残して死ぬが、その念を残す場所が土地であった場合、土地との因縁を持つので「土地因縁の霊」あるいは「地縛霊」と呼ぶ。死亡した場所とか、何かゆかりのある土地や建物などにとどまっている霊。幽霊屋敷現象《ゆうれいやしきげんしょう》の原因だと考えられている。

④**言霊**《ことたま》……言葉に宿っている不思議な霊力《れいりょく》。古代からその力が働いて言葉通りの事が起こると信じられている。古来日本は「言霊《ことたま》の幸《さきわ》う国」と言われ、言霊の不思議な力の働きによって幸福をもたらす国であった。

QUESTION 26

ご奉仕《ほうし》とは何か

ご奉仕とは何なのですか。ご奉仕をしていることが素晴らしいのでしょうか。家でも仕事の中でもできるものではないのでしょうか。基本的なことで申しわけありませんが、教えてください。

A 神様にも願いがある

深見

ご奉仕とは何か。まず「ご」は丁寧語《ていねいご》です。「仕」とは何かにお仕《つか》えするという意味です。「奉」は奉《たてまつ》るということです。つまり、ご奉仕というのは何かに「仕え奉る」ことです。何に仕え奉るのかというと、

「神命《しんめい》の義《ぎ》」によって仕え奉るのです。神様の命の「義」によって仕え奉る。「義」というのは、義理と人情の「義」です。

「義」という言葉の意味をもう少し説明しましょう。

人間には欲というものがあります。この欲というのは必ずしも悪いものとは限りません。睡眠欲や食欲は人間が生命を保つために必要な欲だし、性欲がなければ、子孫は繁栄《はんえい》しません。また、知識欲があるから、人間は進歩向上していくわけです。人間が生きていくためには、ある程度の欲は必要なのです。しかし、あまり欲が強すぎてもいけないということは、言うまでもありません。

欲というのは、肉体から来る心の働きです。これを人心《じんしん》といいます。これに対して魂から来る心を道心《どうしん》といいます。求道心《ぐどうしん》とか、高貴なるものを求めていこうという心は、自分の精神の深い部分、つまり御魂《みたま》から来ているのです。これを魂《こん》と呼んでいます。一方、人心、つまり肉体から来るものを魄《はく》と言います。両方合わせて魂魄《こんぱく》と読みます。

お芝居で、「魂魄《こんぱく》この世にとどまりて〜」と言う台詞《せりふ》が出てくるのを、聞いたことがある方も多いと思います。これは、魂と魄、すなわち、道心と人心の両方がこの世にとどまっているという意味です。いいものを求める心もあるし、欲望もあるという状態、つまり、生きている人間の心が、そのままこの世にとどまるということになります。

では、私たちの心の中に、魂と魄はどの程度の割合を占めているものなのでしょうか。だいたい、道心が六〇%ぐらいで、人心が四〇%ぐらいならば、大変素晴らしい人生を送れます。五〇%ずつならまあまあでしょう。ところが、ちょっと間違って、魄のほうが大きくなってしまうと堕落してしまいます。欲望や煩《ぼん》悩《のう》①に負けてしまった状態になってしまうわけです。生きている間は、常に心の中は、魂と魄との闘いだと言えます。

この魄を抑える働きをするのが「義」なのです。つまり、欲というものが起きてきたときに抑えるのが、義の心です。正しき義が、「正義」です。正義の味方というのは、自分の欲や損得に関係なく働く義の心の持ち主です。楠木正成公が「大義《たいぎ》」に生きたと言われるのは、自分の欲、立身出世したいという欲や領土欲、あるいは、財産や家の名誉などのためという人心を抑えて生きたからです。これが大きな義の心、大義です。

義理と人情という場合の義理は、欲を抑えるものであると同時に、情も抑えることです。本当は、「嫌だ嫌だ」とか「怖い怖い」とか、あるいは「可哀相《かわいそう》」だと思っても、義の心によって、その感情を押し殺さなければ、義理は果たせません。義侠心《ぎきょうしん》というのは、自分の感情を抑制し、欲望を抑制し、義理を第一に考えることです。義に侠、任侠道《にんきょうどう》の侠《きょう》が入っているわけです。

人間には、人心、欲心というのがあります。あれもしたい、これもしたいという欲はいろいろあっても、義の心を持つことによって、その欲を抑えていくことができます。情によって右に左に揺れる気持ちや、怖いとか嫌だという感情を抑えていくのも、「自分はこう生きたい」という義の心があるからです。正義のため、あるいは大義名分のために生きたいと思うからです。

「神命の義」というのは、その義が神様の命によるものだということです。神様の命というのは、神様の御心です。

植松先生は、「人にも願いがあるように神にも願いがあるのです」とおっしゃっています。人間が神様に「あれしてほしい、これが欲しい」という願いがあるように、神様も人間に「こうしてほしいのになあ、ああなってほしいのになあ」

という願いがあるのです。

その神様の御心に添うための義が、「神命の義」です。自分の欲や感情を抑えて、神様の御心に添うために義を貫《つらぬ》くこと、それが「ご奉仕」なのです。

自分を幸せにし、周りの人たちも幸せにすること

では、神様は私たちに何を望んでいらっしゃるのでしょう。

私は、神様が何でもお願いしたら聞いてくれるので、神様に、

「それじゃあ、神様は私にどうしてほしいんですか」

と聞いたことがあります。

すると、

「寸暇《すんか》を惜《お》しんで学んでほしい。世のため人のために生きてほしい。どんなに仕事が忙しくても神を第一として生きてほしい」

とおっしゃいました。

どれも、私自身の魂の向上のために必要なことです。私は生まれるときに、そ

れらのことを自分で神様と約束してきたのでしょう。

私たちも、神様にいろいろこうしてほしいという願いを持っています。それは義の心から来る願いのこともあり、また、欲から来る願いのときもあります。ほとんどの場合は、魂も魄もゴチャマゼだろうと思います。

しかし、神様が、私たちにこう生きてほしい、こうあってほしいという願いは、大愛に貫かれています。神様は、まずその人間に幸せであってほしいと願っています。そして、より次元の高い幸せを求めていってほしいと思っています。できれば、その人間だけではなく、その周りの人たち、近くの人、地域の人も幸せであってほしい。まず自分自身が幸せであって、その上で、周囲の人も幸せにしてあげるような人になってほしいというのが神様の御心なのです。

その御心の命《めい》による義、神様のおぼしめしの義ということが分かったときに、奉仕ということが自然にできるようになります。欲心や情がなくなるわけではありません。やりたいことがいっぱいあっても、それより、神様が自分にどうあってほしいと思っているか、ということを考えるようになるのです。神の御心に添うためには、少しでもみんなが喜んでくれて、自分も向上するような生き方が望ましいわけです。そのように生きるために、義の心を奮い起こして、欲とか感情を乗り越えて仕え奉る。自らはへりくだって、神様のために、皆さんのためにと思ってご奉仕をするわけです。

ボランティアなどの社会へのご奉仕も同じことです。「社会のため」というと漠然としていますが、社会というのは要は人々の塊です。人々のためにご奉仕する、という気持ちが固まってくると功《いさおし》を成《な》すことができます。

社会というのは人々の塊ですが、今生きている人間だけのものではありません。社会は子孫まで続いていくものです。ですから、病院をつくるとか、政治機構を改革するとか、いい会社をつくるとか、発明品を残すとか、研究を残すとか、何か後世の人たちにも役に立つような何かを残すことが、大きく社会にご奉仕することなのです。これを神様の側から見ると「功《いさおし》が立った」ということになり、無形の宝となるのです。

自分の欲、感情を乗り越えて、社会のために仕え奉り、何かを残していく。自分に何か長所があるならば、その長所を磨いて人々に仕え奉る。神の御心に合うように、義によって社会に仕え奉るのが「ご奉仕」です。

ご奉仕の心は神様、守護霊様の心

神様の御心に合うように生きることが、すなわちご奉仕です。この宇宙をお創りになった⦿《す》の大神様《おおかみさま》の大御心《おおみこころ》は大愛です。愛そのものです。世の人を思い、社会を思い、時代を思い、天地自然を生かす愛です。

実は、菩薩も如来も守護霊も神社の神様もみんな、⦿《す》の神様の大御心に仕《つか》え奉《たてまつ》っているのです。エンゼルもそうです。正神界の龍神さんも天狗さんも同じです。

例えば、神社の神様は、別にお布施《ふせ》やお賽銭が欲しくて、人々の願いを叶えてくれているわけではありません。

「きょうのこの札束、うまいな〜、ちょっと塩味がきいてて、夏だから暑くて手あかがついて塩辛いけども、一万円札はおいしいな」

と言ってお金を食べているとしたら、それは化け物です。

眷属の龍とか蛇は、卵や神酒が好きですが、主宰神というのは、何よりも私たちの気を受けることをお喜びになります。「神様、ありがとうございます」と、感謝の気持ちを私たちが持つことを嬉しく思われるのです。

神社の神様は、⦿《す》の大神様の大愛の大御心に仕え奉って、人々のために一生懸命働いておられます。ですから、私たちが少しでも感謝すれば大いに喜ばれます。しかし、仮に感謝しなかったら、全く動いてくださらないかというと、それでも人々のために動いてくださるのです。伊勢の神様も、住吉の神様も、諏訪の神様も、神社の神様は全部そうです。菩薩も如来も、守護霊も守護霊団もエンゼルも、高級神霊というのは皆そうなんです。

決して、「俺がやってやったんだ」とは言わないし、願いを叶えてやったかわりに、ああしろ、こうしろなんて反対給付《はんたいきゅうふ》を求めません。なぜ求めないかというと、義の心によって⦿《す》の神様の大愛という神命、大御心に仕え奉っているからです。人が報いてくれなくても、神様が報いてくださるのです。愛を与えてくださるのです。

「ご苦労だったな、天狗よ」

「よくやったぞ、金龍神」

「頑張ったな、住吉大神よ」と。

それが、何よりのご奉仕の喜びなのです。

もちろん、ご神霊だけではなく、私たちが誠心誠意、義の心を持ってご奉仕をすれば、神様は愛で報いてくださいます。神様からいただく愛によって私たちは、喜び、歓喜を感じます。魂の奥から、「嬉しい」、「幸せだ」という気持ちになるのです。

これは、☉《す》の大神様の大宇宙の根源から来る愛の波動を受けるからです。すると、心と魂が満たされて本当に幸せな気持ちになるのです。そして、自分のしたことが多くの人の役に立ったという歓びも加わります。だから、人にご奉仕したり、ボランティアをしたりして、社会に奉仕をすると、何か嬉しいのです。それは、自分の良心が喜んでいるからなのです。その喜びは、ご神霊の感じる喜びと同じものです。

社会に貢献して功《いさおし》を立てると、魂のランクが上がっていきます。すると、霊界では、勲章《くんしょう》がついたり冠《かんむり》をもらったりします。ご神霊は、その誉《ほま》れをいただくのが嬉しいのです。たくさんの人を救えば、それだけ☉《す》の神様は愛をくださいます。神様も仏様もその喜びを受けて、今日も私たちを守ってくださっているのです。⦿《す》の大神に仕え奉っている正神界のご神霊はすべて同じ気持ちです。

私たちのご先祖さんでも、奉仕の精神を持って生きた人は、高級な守護霊様となって、霊界で菩薩の位、如来の位、神の位をもらっています。そういう精神ができていなければ、死んでも絶対に高級霊にはなれないし、生きている間も高級な霊格《れいかく》を持てません。守護霊も、エンゼルも、菩薩も、神社の神も、天狗も、龍も、みな仕え奉る奉仕の精神で生きているわけですから、同じ心、同じき志、同じ精神で生きている人を強く守ってくださいます。

ご先祖様も、高級霊はみんな一緒に、

「おまえの志を助けてやるぞ」

「一緒にやろうな、⦿《す》の大神様の神命の義によってともに仕え奉ろう」

とご守護してくださるのです。そういう人でなければ、高級霊は絶対に守護しないし、神人合一《しんじんごういつ》もできません。これがご奉仕の意味です。そういう次元の高い咀嚼力《そしやくりよく》、人生観を持って生きて、ご奉仕を実践していかなければ、本当の宗教的人格というものを持つことはできないのです。

《用語解説》

①煩悩《ぼんのう》……心を乱し、悩ませ、正しい判断をさまたげる心の働き。本来は悟《さと》りに至るまでの修業を妨害する一切の心の作用をさす。煩悩は自己中心の考え、それに基づく物事への執着《しゅうちゃく》から生ずる。大乗仏教《だいじょうぶっきょう》の基本的な思想は煩悩を断ずることである。しかし、人間は所詮《しょせん》煩悩から逃れられないと観念《かんねん》し、煩悩を人間のあるがままの姿として捉《とら》え、そこに悟《さと》りを見出そうとする考え方もある。

用語解説　索引

あ行

あくいんあっか【悪因悪果】……83
あくいんねん【悪因縁】……28
あまてらすおおみかみ【天照大御神】……154
いきりょう【生霊】……72
いせじんぐう【伊勢神宮】……142
いつくしまじんじゃ【厳島神社】……154
うぶすなさま【産土様】……62
おいなりさん【お稲荷さん】……151
おひゃくど【お百度】……63
おんねん【怨念】……72

か行

かいだん【戒壇】……114
がけん【我見】……28
かしまみょうじん【鹿島明神】……55
がしゅう【我執】……28
かなめいし【要石】……55
きがん【祈願】……63
きっぽうい【吉方位】……86
きゅうさいじょれい【救済除霊】……73
くよう【供養】……142
けんぞく【眷属】……142
ごう【業】……113
ごかご【ご加護】……69
ことたま・ことだま【言霊】……167

さ行

さかき【榊】……145
さんぽうこうじん【三宝荒神】……90
じばくれい【地縛霊】……167
しゅごれい【守護霊】……62

しんごんみっきょう【真言密教】……114
すみよし（たいしゃ）【住吉（大社）】……151
すわたいしゃ【諏訪大社】……55
せいれい【精霊】……142
ぜんいんぜんか【善因善果】……83
ぜんこうじ【善光寺】……143

た行

てんぐ【天狗】……154
てんだいしゅう【天台宗】……114
どうそじん【道祖神】……54
とく【徳】……19

な行

なんとろくしゅう【南都六宗】……114
にょらい【如来】……166
のりと【祝詞】……69

は行

ばんぶつのれいちょう【万物の霊長】……119
ひえいざん【比叡山】……114
へび【蛇】……152
べんてん【弁天】……155
ぼさつ【菩薩】……166
ほつがん【発願】……63
ぼんのう【煩悩】……179

ま行

みたま【御魂】……28
みわ（みょうじん）【三輪（明神）】……151

ら行

りゅう【龍】……152
れいかい【霊界】……28

深見東州氏の活動についてのお問い合わせは、下記までお願いいたします。
また、無料パンフレット（郵送料も無料）が請求できます。ご利用ください。

お問い合わせ　フリーダイヤル
0120 - 50 - 7837

◎ワールドメイト

東京本部	TEL 03-6861-3755
関西本部	TEL 0797-31-5662
札幌	TEL 011-864-9522
仙台	TEL 022-722-8671
東京（新宿）	TEL 03-5321-6861
伊勢・中部	TEL 0596-27-5025
名古屋	TEL 052-973-9078
岐阜	TEL 058-212-3061
大阪（心斎橋）	TEL 06-6241-8113
大阪（森の宮）	TEL 06-6966-9818
高松	TEL 087-831-4131
福岡	TEL 092-474-0208

◎ホームページ
https://www.worldmate.or.jp

教授者。高校生国際美術展実行委員長。現代日本書家協会顧問。社団法人日本ペンクラブ会員。現代俳句協会会員。

カンボジア王国国王より、コマンドール友好勲章、ならびにロイヤル・モニサラポン大十字勲章受章。またカンボジア政府より、モニサラポン・テポドン最高勲章、ならびにソワタラ勲章大勲位受章。ラオス政府より開発勲章受章。中国合唱事業特別貢献賞。西オーストラリア州芸術文化功労賞受賞。西オーストラリア州州都パース市、及びスワン市の名誉市民(「the keys to the City of Perth」、「the keys to the City of Swan」)。また、オーストラリア・メルボルン市の名誉市民及びシドニー市市長栄誉賞受賞。紺綬褒章受章。ニュージーランド政府より、外国人に与える最高勲章ニュージーランドメリット勲章を受章。このような学歴や名誉に関係なく、普通で飾らない性格や、誰とでも明るく楽しく話す人間性が特色。

西洋と東洋のあらゆる音楽や舞台芸術に精通し、世界中で多くの作品を発表、「現代のルネッサンスマン」と海外のマスコミなどで評される。声明《しょうみょう》の大家(故)天納傳中大僧正に師事、天台座主(天台宗総本山、比叡山延暦寺住職)の許可のもと在家得度、法名「東州」。臨済宗東福寺派管長の(故)福島慶道師に認められ、居士名「大岳」。ワールドメイト・リーダー。182万部を突破した『強運』をはじめ、人生論、経営論、文化論、宗教論、書画集、俳句集、小説、詩集など、文庫本を入れると著作は290冊以上に及び、7カ国語に訳され出版されている。その他、ラジオ、TVのパーソナリティーとしても知られ、多くのレギュラー実績がある。

(2018年7月現在)

深見東州（ふかみ とうしゅう）

本名、半田晴久。別名戸渡阿見《ととあみ》。1951年生まれ。同志社大学経済学部卒。武蔵野音楽大学特修科（マスタークラス）声楽専攻卒業。西オーストラリア州立エディスコーエン大学芸術学部大学院修了。創造芸術学修士（MA）。中国国立清華大学美術学院美術学学科博士課程修了。文学博士（Ph.D）。中国国立浙江大学大学院中文学部博士課程修了。文学博士（Ph.D）。カンボジア大学総長、教授（国際政治）。東南アジアテレビ局解説委員長、中国国立浙江工商大学日本文化研究所教授。また有明教育芸術短期大学教授などを歴任。ジュリアード音楽院名誉人文学博士ほか、英国やスコットランド、豪州で5つの名誉博士号。またオックスフォード大学やロンドン大学の名誉フェローなど。カンボジア王国政府顧問（上級大臣）、ならびに首相顧問。在福岡カンボジア王国名誉領事。アジア・エコノミック・フォーラム ファウンダー（創始者）、議長。クリントン財団のパートナー。オペラ・オーストラリア名誉総裁。また、ゴルフオーストラリア総裁。ISPS HANDA PGAツアー・オブ・オーストラレイジア総裁。世界宗教対話開発協会（WFDD）理事、アジア宗教対話開発協会（AFDD）会長。

国立中国歌劇舞劇院一級声楽家、国立中国芸術研究院一級美術師、北京市立北京京劇院二級京劇俳優に認定。宝生流能楽師。社団法人能楽協会会員。IFAC・宝生東州会会主。「東京大薪能」主催者代表。オペラ団主宰。明るすぎる劇団東州主宰。その他、茶道師範、華道師範、書道

世界に発信するインターネットテレビ局！

HANDA.TV

深見東州のさまざまな番組を、1年365日、毎日視聴できる！

インターネットのURL欄に『handa.tv』と入力して下さい。
E-mailアドレスさえあれば、誰でも簡単に登録できます！
会員登録料、会費は無料です。

新書
コルゲン講話

平成二十六年四月三十日　初版第一刷発行
令和　元年　六月二十日　初版第三刷発行

著　者　東州ケロちゃん
発行人　杉田百帆
発行所　株式会社　たちばな出版
〒167-0053
東京都杉並区西荻南二丁目二〇番九号
たちばな出版ビル
電話　〇三-五九四一-二三四一（代）
FAX　〇三-五九四一-二三四八
ホームページ　https://www.tachibana-inc.co.jp/

印刷・製本　萩原印刷株式会社

ISBN978-4-8133-2500-0
©2014 Toshu Kerochan　Printed in Japan
落丁本・乱丁本はお取りかえいたします。
定価はカバーに掲載しています。

スーパー開運シリーズ

各定価（本体1000円＋税）

強運
深見東州

●182万部突破のミラクル開運書―ツキを呼び込む四原則

仕事運、健康運、金銭運、恋愛運、学問運が爆発的に開ける。神界ロゴマーク22個を収録！

特別付録「著者のCD」付き!!

大金運
深見東州

●81万部突破の金運の開運書。金運を呼ぶ秘伝公開！

読むだけで財運がドンドン良くなる。金運が爆発的に開けるノウハウ満載！
特別付録「著者のCD」付き!!

神界からの神通力
深見東州

●38万部突破。ついに明かされた神霊界の真の姿！

不運の原因を根本から明かした大ヒット作。これほど詳しく霊界を解いた本はない。
特別付録「著者のCD」付き!!

神霊界
深見東州

●28万部突破。現実界を支配する法則をつかむ

人生の本義とは何か。霊界を把握し、真に強運になるための奥義の根本を伝授。
特別付録「著者のCD」付き!!

大天運
深見東州

●38万部突破。あなた自身の幸せを呼ぶ天運招来の極意

今まで誰も明かさなかった幸せの法則。最高の幸運を手にする大原則とは！
特別付録「著者のCD」付き!!

●27万部突破。守護霊を味方にすれば、爆発的に運がひらける！
大創運
深見東州
神霊界の法則を知れば、あなたも自分で運を創ることができる。項目別テクニックで幸せをつかむ。
特別付録「著者のCD」付き!!

●44万部突破。瞬間に開運できる！ 運勢が変わる！
大除霊
深見東州
まったく新しい運命強化法！ マイナス霊をとりはらえば、あしたからラッキーの連続！
特別付録「著者のCD」付き!!

●59万部突破。あなたを強運にする！ 良縁を呼び込む！
恋の守護霊
深見東州
恋愛運、結婚運、家庭運が、爆発的に開ける！「恋したい人」に贈る一冊。
特別付録「著者のCD」付き!!

●44万部突破。史上最強の運命術
絶対運
深見東州
他力と自力をどう融合させるか、究極の強運を獲得する方法を詳しく説いた、運命術の最高峰！
特別付録「著者のCD」付き!!

●44万部突破。必ず願いがかなう神社参りの極意
神社で奇跡の開運
深見東州
あらゆる願いごとは、この神社でかなう！ 神だのみの秘伝満載！ 神社和歌、開運守護絵馬付き。
特別付録「著者のCD」付き!!

●スーパー開運シリーズ 新装版
運命とは、変えられるものです！
深見東州
運命の本質とメカニズムを明らかにし、ゆきづまっているあなたを急速な開運に導く！

◎ たちばな新書　大好評発売中 ◎

★名著発見シリーズ★

お待たせしました！　金メダル、銀メダルの本ばかり

新装版発売！

◆五十代からの人生をいかに素晴らしく生きるかを伝授

五十すぎたら読む本　新装版

深見東州

五十代だからこそある内面の素晴らしさで最高の人生を。三十代、四十代の人が読むともっといい。

定価（本体809円＋税）

◆恋愛も仕事も、あらゆる悩みをズバリ解決する

3分で心が晴れる本　新装版

深見東州

悩みや苦しみを乗り越えた人ほど成長する。あなたの悩みの答えが、きっとこの本で見つかる。

定価（本体809円＋税）

◆子育ての悩みが晴れ、母親の自信がわいてくる

こどもを持ったら読む本

東州にわとり（又の名を深見東州）

親にとって最も大事なことは、こどもの可能性を見つけて育てること。親の悩み苦しみもこの本で解決。

定価（本体809円＋税）

◆心が風邪を引いたときに読む本。
コルゲン講話
東州ケロちゃん（又の名を深見東州）
定価（本体８０９円＋税）

◆背後霊、守護霊が、あなたをいつも守っている。
背後霊入門
東州ダンシングフラワー（又の名を深見東州）
定価（本体８０９円＋税）

◆正しく霊界のことを知れば、幸せになれる！
よく分かる霊界常識
東州イグアナ（又の名を深見東州）
定価（本体８０９円＋税）

◆宇宙のパワーで強運をあなたのものに！
宇宙からの強運
東州土偶（又の名を深見東州）
定価（本体８０９円＋税）

◆読むだけで人生が変わる！　恋も仕事も勉強も大成功
どこまでも強運
スリーピース東州（又の名を深見東州）
定価（本体８０９円＋税）

◎たちばな新書　大好評発売中◎

★名著復刻シリーズ★　万能の天才深見東州が、七色の名前で著した待望の著

◆人間は死ぬとどうなるのか、霊界の実相を詳しく伝授。
吾輩は霊である　夏目そうしき（又の名を深見東州）
定価（本体809円＋税）

◆あなたの知らない、幸せの大法則を教える！
それからどうした　夏目そうしき（又の名を深見東州）
定価（本体809円＋税）

◆金しばりを説く方法を詳しく紹介します。
金しばりよこんにちわ　フランソワーズ・ヒガン（又の名を深見東州）
定価（本体809円＋税）

◆悪霊を払う方法を詳しく伝授。
悪霊おだまり！　美川献花（又の名を深見東州）
定価（本体809円＋税）

◆フランスと関係ない恋愛論。恋も結婚も自由自在。
パリ・コレクション　ピエール・ブツダン（又の名を深見東州）
定価（本体809円＋税）

◆あなたの悩みを一刀両断に断ち切る！
解決策　三休禅師（又の名を深見東州）
定価（本体809円＋税）

◆果たして死ぬ十五分前にこの本を読めるのかどうか。
【カラー版】**死ぬ十五分前に読む本**　深見東州
定価（本体1000円＋税）